もう 一人では生きていかない

個と共生のこころ

かごめ かごめ

中川香子

新曜社

まえがき

ケイタイなんて……

そう思っていた。ところがあるとき、スーパーのくじ引きで鐘が鳴り響き、それが当たった。当たったといっても、なんのことはない。最新型とも思えない電話機をくれるだけで、あとは自分で通話料を払う。まあいわば、公衆の面前でおだてられて買わされたようなものである。——たまたまその頃、仕事の都合もあって、三年間だけ緊急連絡用に使ってみようかということになった。それからとっくに三年は過ぎたが、私のバッグには、新しく買い替えられたケイタイが入っている。

プラットホームで頭を下げながら大声で客と連絡をとる営業マン。授業中であるにもかかわらず（というより授業中だから？）、静かにメールをやりとりする大学生。出会い系サイトによるトラブルも深刻な問題となっている。さて、わが身をふりかえってみると、車の渋滞に巻き込まれたときに、会議への遅刻を伝えられてホッとするわたし。人と話をするのがおっくうなとき、メールで用件を送りつけてやれやれと思うわたし。待ち合わせの場所で友人とうまく出会えないときも、ケイタイは活躍してくれる。

まったく…… 矛盾している

しかし、もしかすると、こんな思いをしているのは、わたしだけではないかもしれない。ケイタイへの依存心と嫌悪感は、多くの携帯者が共存させているものかもしれない。

だれかと つながっていたい……

そんな切実な声があちこちから聞こえてくる。ケイタイは他人との距離をいっきょに縮めた。しかしそこで縮められたものは、実際の空間でも、人との関係でもない。いつでも耳元に感じられる相手の声は、あいかわらず遠い。近いと錯覚するから、逆に遠ざかる。いつもはすぐに聞こえる「もしもし」が、「この電話は電波の届かないところにあるか、電源が入っていないか……」のメッセージに変わっていると、ひどく不安になったりすることがある。目の前にいたはずの相手が突然、姿を消したという感じである。電話機というモノは携帯されているはずだ。ということは、その人そのものが、わたしとのカンケイのなかで突然、不在を告げてきたわけである。

こうなってくると、人との距離を前提にコミュニケーションをとるはずだった道具が、にわかに、まったく異質のものにみえてくる。人間が叡知を集めて創りだすものは、たしかに人びととの生活を便利で快適にすることを目指してはいるのだろうが、ケイタイやメールには、どうも逆にコミュニケーションを奪われていくような気がしてならない。

生きにくい時代だ……

といった言葉をあちこちで耳にするが、その原因のひとつに、コミュニケーションの不全ということがあると思う。コミュニケーションとは、たんに言語や文字による意志の伝達のことだけをいうのではない。そこには、こころの交流がなければならない。もっというなら、そこに「喜び」というようなものがあったほうがよい。——自分の考えを伝えることと、相手の思いを受けとめること。その相互のやりとりをとおして、関係が生まれ、そこからなにかしら創造的なものが育まれてくる、という喜びである。

またコミュニケーションは、他人とのあいだにだけ成立するものではない。自分自身のなかにも、それはある。からだとこころの分離、知性と感情の拮抗、ふたつの価値の葛藤、自分で自分がわからなくなるような混乱……。それらは、自分の内におけるコミュニケーション不全ともいえるだろう。

そんな生きにくい時代のなか、わたしは以前から伝承遊びについて細々と考えをめぐらせている。前著『かくれんぼう』の主題は、個を生きることだった。ならば〝かごめかごめ〟がわたしたちに贈るメッセージはおそらく、人とともに生きることだろう。現代人が「かけがえのない私」を生きたいと願うのは、とうぜんのことだ。しかし、人はひとりでは生きていけない。弱いからではない。人とはもともとそういう存在だからである。

本書では、わたしたちの内にありながらも交信のとりにくく価値がみすごされやすい領域をいくつかとりあげる。それらを見つめなおすなかで、新しい自分に出会えるかもしれない。なぜなら、人とともに生きるための前提には「自分とよい関係を結ぶ」ことがあるから。みずからとの新たな出会いは、他者との新しい関係にひらかれていくだろう。

もう　ひとりでは生きていかない

そんな決断に〝かごめかごめ〟がみなさまを導いてくれたら、と願っている。

もう一人では生きていかない

目次

装丁　上野かおる

もう一人では生きていかない

個と共生のこころ／かごめかごめ

はじめに

人生には、うまくいかない時がある。

身体の不調や病気、家族の悩み、人間関係の問題、仕事上のトラブル、災害、事故……。人生の闇は、数えあげればきりがない。それらのいくつかが重なったりすると、もうお手上げだ。わたしにも何度か、そんな時があった。何度目かのそんな時のこと。暗雲に覆われたような日々のなかで、状況の改善をいろいろ試みたが、どうもうまくいかない。

万策尽き、力も尽きたある日、学生たちとかごめかごめをして遊んだ。なかば、やけくそである。すると、これがけっこうおもしろい。歌ってめぐるたわいもない遊びのおかげで、わたしはすっかり子どもにかえった。そして、みんなでよく笑った。わたしの沈んだこころもちょっぴり浮上した。心身のエネルギーが枯渇しているときには、あんがい素朴な遊びが効力を発揮するらしい。

思えば、かごめかごめとは不思議な遊びだ。

歌う愉しさ、荒唐無稽な歌詞、手のぬくもり。仲良し、ひとりぼっち、いじわる……。手と手をつないだ小さな輪のなかに、まるで人のこころと世界が溶けているようである。わたしたちが人生で味わう光と闇が、淡い陰翳の模様となって描きだされている。――無邪気な子どもの遊びとはいえ、しみじみ眺めてみると、ここに生の本質にかかわる経験が織りこまれてはいないだろうか。

今日わたしたちは、便利で清潔で飢えのない生活を享受している。消費社会が描きだす生活のイメージは、豊かさと明るさに満ちている。しかし実際には、わたしたちは毎日をユートピアで暮らしているわけではない。闇は自分の内にも、外にも確実にある。厄介なこと、面倒なこと、ときには身悶えするような苦悩からも、わたしたちは自由ではない。しかも人間は、自分という存在の脆さや、生きることの危うさを、なにかにつけて突きつけられる頼りない存在である。

どうやら、物質文明の急速な進歩と、人間の精神の変革は、同時進行してくれなかったようだ。ましてや天然自然は、どんなにしても人間の力ではコントロールできない。

それなのに、物理的な明るさに慣れてしまったわたしたちは、暗闇との付き合いかたを忘れようとしている。わたしたちは、日が暮れかかると、あわてて電気のスイッチに手をのばす。夕暮れの薄い闇を味わうこともない。昼と夜の交代する黄昏どきは、人びとの不安を目覚めさせるからだろうか。そして、夜は夜で、昼間と見まがうほどの照明のなかで過ごす。

どうしてこんなに闇を排除するのだろうか……。陰翳を礼讃する谷崎潤一郎が知ったら嘆くにちがいない。

こころの闇とのつき合いかたについても同様。孤独を憎む女子高生は、ひっきりなしに携帯電話をかけつづけ、ドラッグで現実から逃避する。彼女にとって、孤独は人生の闇であり、悪なのだろう。また、明るく楽しそうな仲良しばかりのようでいて、その背後には攻撃性が陰湿ないじめとなって、執拗に繰り返される。闇を排除すればするほど、それは色を濃くしていくかのようである。

〝かごめかごめ〟はそんな時代のわたしたちに、素朴に歌いめぐる愉しさを思い出させ、どうじに、自分自身や人間関係に潜む暗い部分もかいまみせてくれる。どこかしら怪しい雰囲気の漂うこの遊びは、わたしたちの周囲にある闇さえも魅力的に映し出してしまう。そして、闇を見つめることが「ほんものの光」を見いだすことだと教えてくれる。

いにしえより伝わる遊びのおおらかな説得力。人間のかかえる闇をも包み込む懐の深さ。それは自分や他人の内にある光と闇を認識させ、どうじに慰撫してくれる。言葉を超えた身体の感覚が、「自然」という存在のしかたに気づかせてくれるのである。

この本では〝かごめかごめ〟の歌詞にそって、この遊びが発信するメッセージと、そこから導き出される身近な話題をとりあげてみた。なかには、普段はマイナスのイメージを負わされているものや価値を失いかけているものもあるが、それらと向かい合うことは、むしろ人生へのチャレンジでもある。

かごめかごめに秘められた、深い闇と、豊かな光に出会っていただければうれしい。

かーごめ　かごめ

めぐり歌の輪舞《ロンド》

かーごめかごめ
かーごのなーかの鳥は　いついつでーやる
夜明けの晩に　鶴と亀がすーべった
後ろの正面だーれ

ある春の昼下がり、窓の外に子どもたちの晴れやかな歌声が聞こえてきた。声の所在をたどると、満開の桜の木の下、数人の女の子たちがかごめかごめの輪をまわしていた。一幅の絵のような光景に、わたしまでこころが踊って、しばらく聞き惚れ、見とれていた。

わらべうた特有の節回しと摩訶不思議な歌詞。――そう、なんといってもごめかごめの魅力は、この歌にある。

わらべうたの秘密

確かな記録がないので、もともとの歌詞については、いまとなっては知るすべもない。残念なことだ。柳田國男もめずらしく憤りを込めて綴っている。(1)

大正十三年のこと——

小さい者がいろいろの大きな問題を提出いたします。夕方などにわずかの広場に集まって「かーごめかごめ籠かごの中の鳥は」と同音に唱えているのを聞きますと、腹の底からいわゆる国文の先生たちを侮る心が起ります。こんな眼の前の、これほど万人に共通なる文芸が、今なおそのよって来たる所を語ることあたわず、辛うじていわけなき者の力によって、忘却の厄から免れているのです。何かと言うと「児戯に類す」などと、自分の知らぬ物からは回避したがる大人物が、かえってさまざまの根なし草の種を蒔まくのに反して、いまだ耕されざる自然の野には、人に由緒のない何者も成長せぬという道理を、かつて立ち留まって考えてみた者がありましたろうか。

授業でかごめかごめをとりあげると、学生たちはこぞって、この歌詞の由来や意味を聞きたがる。また荒唐無稽、意味不明のこの歌詞は、子どもだけでなく大人の想像力をもかきたてる。小さい頃はただ無邪気に歌っていたのが、小学生も高学年になると、歌詞の謎解きに好奇心はくすぐられ、「ホントウの意味は、ああだ、こうだ」とまことしやかに語られたようである。

・歌詞を解明すれば、徳川時代の埋蔵金のありかがわかる。
・これは一九九九年に地球が滅亡することを予言した歌だ。
・鶴と亀はおめでたいことのシンボルだから、それが滑るという不吉な歌。

ほかにも、まさに人間の悪意を凝縮したようなおそろしい読み解きを教えてくれた学生もいた。また、こんなことを語ってくれた学生も――

・鬼を中心として歌をうたい回っているうちに、一つの物語が浮かんできました。「みんなから怖がられ恐れられている鬼が目をつむっている間に、子どもたちが遊んでいる。しかし、鶴と亀がすべった瞬間に、鬼の後ろにいた子どもは鬼に見つからないよう息をひそめ身を隠すが、名前を当てられ自分も鬼になってしまう。」というお話です。

なかなかおもしろいお話だが、いずれにしても、かごめかごめには明るいイメージがあまりない。それなのに、なぜか子どもはこの歌が好き。それは、彼らが明るさ一点張りの世界だけを愛していないからかもしれない。怖いお話を聞きたがり、学校の怪談に打ち興じ、妖怪や怪獣のテレビ番組を好むのが子どもである。怪しく、不思議な歌。それが、子どもたちに歌い継がれてきたかごめかごめの歌だろう。

ではこの歌がだれによってつくられたかというと、おそらく、どこかの遊びの天才、作詞の名人であろう。明治三十四年に出版された『日本児童遊戯集』(2)には、日本各地から「かごめかごめ」が採集されている。そのひとつ、東京の「籠目〳〵」には、次のよう歌詞が紹介されている――

籠目（かーごめ）かごめ、かーごン中の鳥は、いつ〳〵出やる、
夜明けのばんに、つるつるつッぺッた。

歌詞はよく似ているが、遊びかたは現代のものと異なっており、手をつないだ二人の子どものなかに別の子どもが入ったり、出たりするものである。

江戸の文政年間に流行した清元に歌の起源が求められることもある。(3)江戸市村座で興行された清元の「月花茲友鳥《つきはなこゝにともどり》」の文句に――

足の冷たいに草履勝うてたもれ。子を取ろ〳〵どの子が目つき、あとの子が目つき。
籠目〳〵籠の中の鳥はいついつ出やる、夜明のばんに、つる〳〵つつはいた。

というのがあり、たしかに、かごめかごめの歌詞の一部とよく似ている。

前近代は、大人と子どもの生活がいまより接近していて、たがいの文化の境界ももっと曖昧で、相互の交流があった。そこで、子どもが大人の間に流行する歌を自分たちの遊びにとり入れたり、逆に、大人が子どもの遊びをとり入れることがあったとしても不思議ではない。

それはさておき、わたしたちのかごめかごめにもう一度目をむけてみよう。じつに荒唐無稽、ナンセンスな歌詞だ。

まず最初の「かごめかごめ」。これは、鳥の名前のようでもあり、かがめという意味にもとれる。次に「籠のなかの鳥はいついつ出やる」という問いかけがある。その後に前の句の答えはなく、「夜明け」の「晩」という対語が、続いて「つる」と「かめ」というおめでたい類語が並ぶ。最後に「うしろの正面だーれ」という、いったいどこをさすのか不明なはぐらかしの言葉がきて、全員がいっせいにしゃがむ。印象的な歌に、単純な動作がぴったり合っている。

子どもの「辻遊び」というよびかたがあるが、かごめかごめもそのひとつ。

辻とは、人びとが集まってくる場所であると同時に、さまざまな霊が集まりやすいところでもあるといわれ、昔から辻々で、死霊を留めたり、無縁仏を慰めたり、悪霊を善霊に変えたりする儀礼が盛んに行われてきた。そこには、しばしば妖怪変化も出没し、人びとや牛馬を困らせたり、手こずらせたりしたそうだ。

古く万葉の時代から、人びとが占いを行った場所もまた、辻だった。だから、その辻で遊ばれたかごめかごめには辻占いの名残りがある。つまり、みんなで「かごめかごめ……」と唱和しながら歌ううちに、中心の子どものスピリチュアルなパワーが増してゆき神憑かりになるというわけだ。その場合、かごめかごめは「かがめかがめ」であり、霊魂を身体に入れていくための所作とも解釈できる。

また、かがんでパワーを集めた中心の子どもが、後ろの正面をパッと当てることから、「あてもの遊び」ともいわれる。

もともと、あてもの遊びでは、鬼が真後ろの子どもを当てるだけでなく、周囲の者はいろいろなことを尋ね、鬼はそれにいちいち答えていたらしい。その一例として、柳田は、東北地方に伝承されてきた「地蔵遊び」を紹介している。(4) このばあい、歌ではなく「お乗りやあれ地蔵さま」という唱えごとが繰り返される。それは、真ん中の子どもに地蔵を乗り移らせるためのものである。そのうちに、だんだんその子が地蔵さまになるという。子どもたちがぐるぐる回りながら唱えごとを繰り返すうちに、真ん中の子どもは軽いトランス状態になるのだろう。そうなると、周りの子どもたちは――

物教えにござったか地蔵さま
遊びにござったか地蔵さま

と囃しながら面白く歌い踊ったという。かごめかごめはこれほど直接的でないにしても、歌の意味不明さ、単調な音階やリズムなどは、唱えごとや呪文のようにも思われる。

この地蔵遊びより宗教性の強いものを大人たちが営んでいた、という報告もある。福島県の磐城地方で戦前までみられたという。(5) 真ん中は、たいていが女性のノリテとよばれる人で、地蔵堂からおろした地蔵と向き合って座る。ノリテは目隠しをされ、手に笹を持ち、人びとはその周囲を廻って唱えごとを繰り返す。その文句は――

南無地蔵大菩薩
お祈りや地蔵様
ハラハラとお祈り申す

なるほど、子どもたちの地蔵遊びより、唱えごとにも迫力がある。真ん中の女性は職業的な巫女ではないだろうが、唱えごとの効果があって地蔵が乗り移ると、手に持つ笹が震える。そうすると地蔵が憑いたことがわかり、周りからいろいろな質問が投げかけられ、女性はそれにすらすら答えたという。正式な宗教儀礼でないとはいえ、呪術的な要素をおびた半分まじめな遊びである。

このような占い遊びの現代版としては「コックリさん」の類があげられる。コックリさんコックリさん……という繰り返しにも、トランス状態にさせる効果があるらしく、わたしの知人は途中でばったりと気を失ってしまった（周囲の者があわてたことといったら！）。また、現在でも小さな子どもたちの好きな「あぶくたった」の歌詞も――

あーぶくたった　煮えたった
煮えたかどうか　食べてみよう　むしゃむしゃ
まだ煮えてない

という愉快なものだ。いずれにせよ、意味不明・摩訶不思議な文句であるほうが、遊びを盛り上げる効果がある。子どもを現実から引き離して、非日常の世界へ連れ去ることができるからである。そして、声を合わせて呪文のように歌を唱えるとき、かれらのこころはひとつに結ばれ、そこには、個々の自我が溶け合う世界が生まれる。子どもたちが、仲間との一体感を味わうひとときである。それは、連帯感の原形であり、かれらが仲間とともに生きることの喜びを味わう素朴な体験である。

こころとからだも一体に

わらべうたのもたらすパワーをすさまじいばかりに語ったものがある。それは、オーケストラとわらべうたの壮絶なたたかいの物語だ。(6)

――とある会場。前列に児童合唱団が大勢並んでいる。その後ろに百人のオーケストラが構えている。オーケストラは、メロディーもとらえられないような爆裂音をまき散らしはじめ、雷鳴よりすばやく鋭く無慈悲に荒れ狂う。

――子どもたちといえば、「かごめかごめ」だけを黙々と歌いつづける。オーケストラは子どもの歌をぶちこわすのが目的。しかし、子どもたちは、けんめいに耐える。彼らは叫んだり怯えたり泣いたりしない。いちばん大事な小さな声 - 魂の声で、だが強くしっかり調性をまもって、嵐のなかを十分、十五分……と歌いつづける。

――無明のオーケストラがついに疲れて音量を下げ、墜落しはじめる。やがて、崩壊が止んでなにもなくなってしまう。そのときはじめて虚空を埋めるように、子どもたちは静かに歌いおさめた。……「うしろの正面だあれ」。〔引用者要約〕

これが唱歌や童謡なら、どうであっただろう。もしかすると、オーケストラの大音響にはとてもかなわなかったかもしれない。単調なメロディー、短い言葉……。しかし（いや、だからこそ）わらべうたは、子どもたちがみんなで声合わせて歌うと、想像もできなかったような力を醸成する。かごめかごめの摩訶不思議な歌詞も、それを後押ししていたのかもしれない。

誰に教わるというわけでもないのに、わらべうたは、しっかりと子どものこころをつかむ。特別な歌唱指導はなくても、子どもの声によく馴染む。とくに、動作といっしょに歌われるものは、遊ぶ楽しさとともに子どもの身体にしみ込んでいくようだ。大人になってから、わらべうたをふと口ずさみ、懐かしさと同時に、からだの底から元気が湧きだしてくるような気分になった経験は誰しももっているのではないだろうか。

たとえばこんなふうに[7]――

人生の途上で、超えることのできない深い谷に出逢ったことが一再ならずあった。暗い日々にたえられず、ひと思いに身を投げてしまいたいという誘惑に駆られながら、最後の地点で身をひるがえすことができたのは、一つにはわらべ唄とその思い出に心を深くはげまされたおかげであった。」そして、「唄のことばとともに、いっしょに遊んだ幼なじみの声や姿が甦ってきて、そのかけがえのない思い出をいつくしみつつ反芻しているうちに、冷え冷えとしていた心がいつか底の方からぬくもってきて、人生のたたかいにいま一度出て発とうという気持ちをとり戻すことができた。

ここには、わらべうたのもつ癒しの効果が語られている。そういえば、いつかわたしが久しぶりにかごめかごめを遊ぶ子どもの声を聞いたときの感動にも、どこか似ているようだ。子ども時代が「七色の輝き」に満ちていたわけではないが、この世に生を享けるときにわたしたちが貰った「まっすぐな力」に支えられていたことは確かである。その時期の体験が、言語的な記憶以上のものをもたらしてくれることがあるのだろう。身体の記憶、身体の感情といってもよい。これは子ども時代に手にすることのできる宝物のひとつではないだろうか。

ところが昨今それが様変わりしてきた。幼児に与えられる歌が、かつてのわらべうたや童謡とはおよそ別物になってきたのである。テンポは速く、美しい音律はなく、ポップな和音進行になっている。子どもの声が若干低くなってきているとの報告もあるが、そんな子どもにとって、今様の歌はキーも高すぎるだろう。実際、幼稚園や保育所でも、あまり子ども向きとは思われない歌を、声を張り上げ、ずれた音程で歌っているのを目にすることがある。

小さな子どもには、やはり、ゆったりと語りかけるような歌詞と美しいメロディーやハーモニーの歌をうたわせてあげたい。声帯が安定しない子どもには、無理のない音域で確実に歌わせてあげたい。その体験こそが子どもにとって、美しい言葉やポエジーとの出会いとなり、情緒を安定させ、こころと身体が一体になる経験となるだろうから。

歌の翼、掌のこころ

太古から祭礼や人びとの生活にはかならず歌があった。神仏をあがめ讃える歌、ことほぐ歌、悼む歌、そして労働の歌。それらは、人びとのこころを喜ばせ、慰め、励まし、かたく繋ぎ合わせるのに大きな役割をはたしてきた。

数年前わたしはバリ島で感動的な歌声を聞いた。バリ島は人口の九割以上がヒンズー教徒という宗教色の強い島で、どうじに古い文化や伝統が世俗化されずに受け継がれているところである。ケチャダンスもそのひとつ。ケチャとは、サンヤン(8)に伴われるコーラスなのだが、現在は、叙事詩ラーマヤーナをもとにした踊りに、ケチャのコーラスがつけられている。

夕暮れとともに、日焼けしたたくましい男たちが寺院に集まってくる。男たちは幾重にも円陣をめぐらせて座り、いよいよケチャがはじまる。チャッ、チャッ、チャッ、ケチャ、ケチャ、ケチャ……、彼らの鍛えられたのどから放たれるケチャは、夜の寺院の舞台に響き渡る。楽器は一切なく、男たちの喉だけで奏でられる音楽である。いままで聞いたこともない不思議な、一種異様な、けれども、こころが吸い寄せられていくようなコーラスだった。舞台にほとばしる汗、烈しくゆれる身体、振り上げられる腕、たぎるような熱気、闇を引き裂くケチャの音響……、それらが一つに溶け合うとき、まさしく男たちは忘我の境地にはいっていく。そのとき彼らは、身体とこころ、人と人とが一体化するような恍惚と愉悦を味わうのであろう。それは観客にも迫ってくる。熱気を帯びたコーラスは、自他の境をとっぱらって融合したいというわたしたちの本能に共鳴し、それを目覚めさせる。ともに歌うことの強烈な魅力に圧倒されたひとときであった。

子どもたちの歌声も同様の影響力をもつ。彼らが無心に遊びの輪をめぐらせながら歌う声を聞くときも、わたしたちのなかに祖先の暖かい魂がよみがえる。人は、時代が移り変わっても、みんなでいっしょに歌うことを、けっして捨てなかった。わたしたちのこころの奥にあるはるか昔の記憶が、それを恋い求めるからだろう。

子どもの頃かごめかごめが大好きだったという学生は、こう言いきる。

・みんなで大きな声で歌をうたうのがうれしかったです！

素朴でありながら人びとを互いに結びつける力には、想像しがたいものがある。もしかすると人類の最初の言葉は「歌」だったのかもしれない、とさえ思えてくるほどだ。ところで、二十歳にしてふたたびかごめかごめを遊んだ学生は、この遊びの魅力のひとつを「みんなで手をつなぐこと」であるという。数人の言葉を紹介しよう。

・みんなで円になって手をつなぐという行為は、普段の生活ではあまりありません。人と手をつなぐとき、わたしはうれしくて、ちょっぴり恥ずかしくて、だけど安心したような気持になりました。
・久しぶりにかごめかごめをして、友だちと手をつなぐことでスキンシップがとれ、親しみが増しました。
・「かごめかごめ……」と歌いながら手をつないでまわるのは、みんなの顔も見られるし、楽しくて、うれしかったです。
・みんなで手をつないで歌をうたい、ぐるぐるまわります。普段は手をつなぐことなどないので、今まで以上に親しみがわいたような気がします。

・ひさしぶりにごめかごめをしてみて、とても懐かしい気持になりました。みんなで手をつないで一つの輪になることでとても親しみがわき、「集団・仲間」という感じがしました。

・（実習で）幼稚園の子どもたちといっしょに遊びました。手をつないでいっしょに歌をうたうことで、人と接する楽しさや仲間意識が深まった気がします。

・幼いころは、年齢に関係なくみんなで集まって楽しんでいた懐かしいかごめかごめ。祖父の家に行ったときに、親戚の人たちとウキウキしながら遊びました。はじめはみんな少しぎこちなく、照れがありました。でも、何回も遊んでいると、だんだん本気になってきて、みんな子どもに戻ってしまいました。手をつなぐことで、ぐーっとこころの距離が縮んだように思いました。

なるほど、手をつなぐことは、わたしたちにとって大切なことだ。それはスキンシップの初歩であり、コミュニケーションの基本である。はたまた、信頼関係の象徴でもある。握手は世界中で通用する挨拶であり、子どもは、信頼する大人の手をしっかり握って歩く。仲良しどうしも、恋人たちも、手をつなぐ。ときに軽やかに、ときに熱く。フォークダンスのとき、憧れの人と手をつなぐのに胸をときめかせたことのある人は多いだろう。人は、懐かしい出会いに手をとりあって喜ぶ。また、悲しみにくれる友の手を握り、そこに言葉以上の思いをこめることがある。病気や身体の不自由な人の手をとって、助けてあげることもある。
医者が治療をすることを「手当て」というが、それはもともと、患者の患部に手を触れることであった。また、名医がこころがけることの一つは、暖かい手で患者の脈をとることだったともいわれる。医者でなくとも、子どもがどこか痛いといえば、大人はそこを手でさすり、病床に知人を見舞えば、まるでこちらの生命力を贈るかのように手を握ったりする。手のもつ力は、思いのほか大きい。

手を脳との関係でみても、その力の根拠は示される。脳には、身体の各部から集まってきた情報が受けとめられる感覚野がある。また、身体各部にいろいろな運動を指令するところとして、運動野がある。この両者のなかには、体の各部位に対する管轄があり、それぞれを支配している。指や手は体全体に占める面積は小さいが、それに対応する中枢は、感覚野・運動野ともに全体の三分の一にも及ぶそうだ。手や指が、感覚を受け取るにも、微妙な動きをするにも、すぐれた能力をもつことの証左であろう。「手は脳の出張所」[9]といわれるゆえんでもある。どうじに「手はこころの出先機関」でもあり、わたしたちのコミュニケーションにおおいに貢献している。

一方、人間は、言葉を操る能力をずいぶん磨いてきた。肉声を使った音声言語にはじまり、電話の発明は、わたしたちの言葉を遠くへ運ぶことを可能にした。また、文字言語の文化も発達させ、いまやその文字も、筆や鉛筆・ペンからキーボードへと移っていった。

わたしたち人間にとって、おたがいのコミュニケーションはなくてはならないものである。しかしそれは近代化とともに、だんだん生身の身体を介さないものへと移行しつつある。いまや遠隔地の知人や外国の友人からの文章が電子メールであっというまに届く時代になった。テクノロジーの進歩が生んだ新しいコミュニケーションの形である。

わたしたちはその便利さを享受しつつも、一方で、みずからの身体を用いたコミュニケーションをなおざりにしてはならない。赤ん坊は、人びとの暖かい手の中に生まれてくる。たくさんの手に抱かれ、包まれて育つ。この手を中心とするスキンシップは、子どもに心理的安定を与える。さらに、それが心身の健康におおきな影響を与えることは、心理学者たちの研究によって、つとに知られるところだ。手で触れられること、手で世話をされること。その体験と身体の記憶が、人との関係の基礎になるのである。それがなければ、どんなに速くて便利なコミュニケーション手段も、むなしい。

ヒトの手は、道具を作り、文明を進歩させることにおおいに貢献してきた。また、人間どうしの直接的なコミュニケーションの道具としても大きな力を発揮する。手をつなぐという素朴にして簡単な行為が、学生たち若者のこころに、暖かく懐かしい感情を呼び起こしたとすれば、わたしたちは、そのことをもっと大切にしていかなければならない。

いま、かごめかごめを遊ぶ子どもたちも、おたがいの手をつなぐことによって、「人と人とがつながること」の根本を肌で感じとっているのではなかろうか。

仲間と手を携える

かごめかごめを遊んだ若い人たちの多くが、みんなで歌い、手をつなぐことの魅力を語ってくれた。それは、わたしたちが仲間と繋がりあうことの象徴である。そして、子どもにも大人にも、「人と‐ともに‐あること」は、人間存在の根本にかかわることなのである。

どんなに孤独好きを標榜していても、人は、まったく独りで生きていくことなどできない。生まれることも、大人になることも、老いていくことも、死ぬことも、すべて他人とのかかわりのなかで営まれる。また、その関係は人間どうしにかぎらない。なぜなら、わたしたちは自分の命を維持するために、他者の命（動植物の生命）をもらい、そのお陰で生きているからである。

匿名で生きることの気楽さがよしとされ、集団における人間関係の難しさや煩わしさは、現代人に好まれない。しかし、だからといって繋がりから逃げてしまうのは、人としての成熟を放棄することにならないだろうか。近代的自我をもって「個を生きること」は、けっして「人とともに生きること」を排除することではない。両者を自分の成熟の課題として生きることこそ、真の成熟をめざす生きかたではなかろうか。

人とともに生きること

「一人」はなかなかいいものだ。だれにも干渉されない気楽さ。自分の思いのままに行動できる気ままさ。また、孤独は人を創造的にさせる。すぐれた仕事や芸術は、その多くが孤独のなかから生まれた。それにくらべて、他人に気を遣いながら生活するのは、なんと骨が折れることだろう。相手の都合に合わせるのはなおさら。

しかし、いつもひとりぼっちというのもさみしい。ロビンソン・クルーソーだって、まったくの孤独には耐えられなかった。人と言葉をかわすこと、微笑み合うこと、肌を寄せ合うこと、いっしょに食事すること、けんかすること、……やはり、誰かといるのはいいものだ。

わたしたちはこのような拮抗する思いのなかでたえず揺れている。あるときは仲間を求め、あるときは孤独を求める。人間の自然な成熟はパートナーや家庭を求める。近代的な自我は世界にただ一人の「私」を育てようとする。このいずれもが、わたしたちのなかの真実である。

そしてわたしたちは知っている。子どもの頃の仲間との戯れが、このうえなく楽しかったことを。けんかしても、のけものにされても、仲間を恋い求めたことを。それは、わたしたちが、たった一人のかけがえのない存在であるとどうじに、仲間とともに生きる存在であることの証である。

かごめかごめはまさに「仲間の輪」がつくりだす世界。手と手の連なりのなかには、不思議な遊びの時空が生まれた。その世界は、けっして純粋で美しいだけではなかったかもしれない。しかしそこには確かに、子どもたちのさまざまな豊かな感情が満ちあふれていた。

昨今は大人も子どもも、複雑で屈折した人間関係のなかに投げ出されている。そこには、素朴なあたたかさというより、むしろストレスが幅をきかせている。子どもの頃から学校や仲間関係がストレスでいっぱいだったという若者もいる。あるいは、まるで小学校・中学校の友だちどうしのような仲間関係と気遣いに悩んでいる大学生もいる。人間関係に傷つきやすいのが、若い人たちの特徴だ。人とともに生きることは、彼らにとってそれほど容易ではないのである。……しかし、そこから逃れられないのが現実。

都会は人びとに孤独を背負わせる。そして一方で、匿名で生きられることの気楽さを贈ってくれる。都会や都市生活のよさは、かつての村落共同体のような、集団で生活することからの解放にある。田舎でのように「○○の□□さん」と声をかけられたり、いちいち行動をチェックされたり、良きにつけ悪しきにつけ噂話がささやかれたり……というようなことは、ほとんどない。近所づきあいの薄いアパートなどでは、いたって無関心である。

数年前に、東京のアパートで餓死していた女性だか親子だかが発見されて、わたしたちは少なくともふたつの理由で慄然とした。ひとつは、飽食の日本にあって餓死という死因。ふたつめは、そんな状態にある隣人に近くの住民がだれも手を差し伸べられなかった、もしくは気づきもしなかった、という都会の人間関係。このようなニュースに接すると、わたしたちはたちまち寒々とした都会を批判する側にまわるのだが、さりとて、そこからなにかが変わり、新しい暮らしかたが始まるわけではない。しばらくすればわたしたちは、そんなことがあったことさえ忘れてしまう。

そんな無関心の要因のひとつに、毎日の生活が忙しく、自分のことで精一杯だという現実がある。それは現代人が、共同体より個人の生活にエネルギーを使い、集団のなかの自分より個人としての自分にアイデンティティをもつからである。その結果ますます、人づきあいが苦手で人間関係にわずらわしさを覚える人が増える。こうして集団そのものにも、マイナスのイメージがつきまとうようになってきた。

学校のPTAや幼稚園・保育所の母の会、町内会なども運営が難しくなる傾向にある。ある幼稚園では子どもの入園に際して母親から『母の会の集まりは年に何回ぐらいでしょうか？　バサーはあるのでしょうか？』と尋ねられるという。「できるだけ集まりは少ないほうがいい」というわけである。

たしかに人と人とが集い、集団の利益のために行動するのは、面倒で、わずらわしいことだ。いまや都市生活者には、いろいろな集団に属さなくても生活できるシステムがあり、かつては集会などにいかなければ収集できなかったいろいろな情報も、個人で集められる。地域が職業によって結ばれていないため、協力と連帯が必要なところも減少してきた。福祉にしても、最近ではビジネスライクに権利として受けることがでる。数年前に開始した介護保険制度もしかり。福祉はある意味で商品化されている。かくして都市化は、個人の生活を便利にし、人間関係のわずらわしさから解放してくれる。

人とともに生きることは、今日、それほど容易ではない。しかし、だからといって、そこから逃れることもできない。そこで次に、集団や共同体のことを見つめなおしてみようと思うが、ここでは子どもと高齢者をその代表にしたい。というのも、両者はいまの時代を象徴しており、現代の問題をわかりやすく語る存在だから。

学校で育まれるもの

集団生活そのものに価値があった学校だが、今日ではそれがうまく機能しているとはいえない。かつて学校は子どもにとって教育や文化を教授されるところであるとともに、仲間とともに遊び、生活する場所でもあった。わたしにとっては、とくに小学校は、勉強よりも友だちとの遊びのほうに思い出が多い。近所に遊び仲間の少なかったわたしには、学校はいろいろな仲間との出会いの場で、なかでも集団でなければできない遊び——鬼ごっこやドッジボール、ゴム跳びがとても魅力的だった。

もちろん、すべてが楽しかったわけではない。いじわるされたことも、からかわれたこともあった。悔しいことも悲しいこともあった。けれども、それを超えて、仲間と繋がりたい欲求があった。それはわたしの自我を豊かにしてくれ鍛えてくれた。なぜなら自我とは、他者との関係のなかでこそ成熟するからである。

さて、今日急増しつつある不登校の子どもたちは、この「集団」が苦手である。たしかに四十年前といまとでは、子どもをとりまく生活環境は大きく変化した。わたしたちの頃は仲間と遊ぶことが「遊び」であったし、情報もそこでたくさん手に入れた。秘密の基地のこと、駄菓子屋のこと、文房具屋のこと、花や虫のこと……。ところが、いまの子どもは、仲間がいなくてもさまざまな情報を手に入れられるし、一人で遊んでいても結構たのしめる。そうして、一人でいることが快適であればあるほど、仲間との関係の煩わしさが見えてしまう。

学齢が進むほど、子どもどうしの素朴な「繋がり」を築きにくくなっているようだ。ある子どもは、学校は「疲れる」という。負のエネルギーによって傷つくことも傷つけられることも避けようと思えば、かれらは知恵をしぼって「うまくやっていく」ほかないからである。未熟さや失敗も含めたありのままの自己表現を抑圧し、他人を気遣いながら、明るく楽しく振る舞う「やさしさごっこ」「なかよしごっこ」は、疲れるだろう。そして、自己表現を抑圧しているため、「私」そのものの実感、自己の内部の充実感が育ってこないのである。

内面を発達させつつある彼らにとって、みずからを表現するのは、自我を育て鍛えていくこと、自分という存在を確認していくこと、あるいは「私」とは違う「あなた」を認識していくことである。表現の方法はいろいろだろう。話すこと、絵を描くこと、歌うこと、踊ること、文章を書くこと……、得意な表現方法を育てていくことが大切だ。なかでも話すことは、人間関係において基本的な手段である。ところが言葉によって自己表現することも、若い人たちはだんだん苦手になってきているようだ。

学生の就職指導をしていると、若者たちに対して求められているものがよくわかる。最近は企業でも、教育・保育機関でも、「コミュニケーション能力」を挙げるところが多い。しかしそのまえに考えなければいけないのは、コミュニケーションとは、他人との関係であるとどうじに、自分自身との間柄の問題でもあるということだ。自分をうまく表現できるということは、他人に対してのみならず、自分自身との関係においても大切なのではないだろうか。

ところで学校は「教育」という名のもとに基本的な態度を身に付けさせるわけだから、とうぜんそこには適応という課題が生まれてくる。かつては学校や教師に対して、親子ともに尊敬の念をもっていたから、適応することはあたりまえだった。しかし学校のイメージがしだいに変わっていくなかで、適応の意味も揺らいできた。一方で、受験戦争が熾烈になっていくなか、とりあえず「適応」した子どもを待ちかまえていたのは、過剰適応というあらたな問題である。いまやもう、学校の子どもは二極分化しつつあり、不適応か過剰適応かという状態にある。

そのような、なんともすっきりしない学校で、自由な自己表現を阻まれた子どもたちの内面には、負のエネルギーが蓄積されていく。わたしたちが生きるということは、自分をその場その時において表現し、経験していくことだから、それが抑圧されるとなると、感情や思いが屈折していかざるを得ない。その結果、「正常」でない者、「普通」でない者、という見かたが生まれ、弱い者にむかって負のエネルギーが噴出するという現象が起きてくる。いわゆるいじめはその代表だろう。いじめはいつの時代にもあっただろうが、歯止め、つまり最後の破滅を回避するシステムが崩壊しかけている、というのが今日の状況ではなかろうか。

教育界には以前から「子どもの個性を育てよう」というスローガンがあったが、じっさいにはほとんど実現されていない。個性が育つというのは、成功したり失敗したりしながら自己表現を繰り返し、しだいに「かけがえのない存在」として他者にも自身にも受け容れられていく過程である。それが、人とちょっと違った表現をすると指摘されたり、からかわれたりするようでは、のびやかな自己表現にもとづく個性は育つべくもないだろう。

暖かいまなざしは子ども（のみならず大人も）を育てるが、過剰な期待や批判に満ちた、刺すような眼は、対象となる他者はもちろんのこと、自分自身をも縛っていく。そうして両者を、孤独と無力のなかに追い込んでいく。なぜなら、他人を疎外することは、自分自身を疎外することでもあるからだ。

また、なかには「自由」を恐れたり不安がる人もいるが、自由な自己表現を認めることは、けっして秩序や礼儀を無視することにはならない。ほんとうの自由は人間を自発的・自律的であるよう求め、普遍的な道徳へと導く。真に「自由であれ」とは、真に「倫理的であれ」ということなのである。そのような自由への認識がなければ、集団は、他者への気遣いと自己表現の抑制の場でしかなく、とても息苦しいものになってしまうだろう。

となり近所で支え合う

子どもが集団のなかで生きていくことの前提として、自我の確立がある。それでは、自我を育てるには、どうしたらよいのだろうか。

ごく小さいときにはまず、受け容れられ、かわいがられ、存在そのものを認められること、つまり「基本的信頼」(1)の獲得が必要だという。赤ん坊が健全な自己愛を満たされ、他者や世界に「なんとなく信頼に足る良いものだ」という感じをもつことが大切なのだ。そこで影響が大きいのは、赤ん坊が養育者をどう体験するかということ。親ができるだけ子どもの欲求に素朴な愛情で応えることで、赤ん坊は安心と信頼を学ぶ。それがひいては自分自身を信頼することにつながり、自我形成の基盤になっていくのである。

やがて自分を主張できるようになると、いよいよ自我の発達がめざましくなる。それは他者との関係のなかで育まれてゆく。子どもは本能的に仲間を求めるが、仲間との遊びやかかわりをとおして自我はその個別性を明確にされ、鍛えられていくのである。だからこそ、教育・保育の現場では、ほんとうの意味で子どもの個性を認めていくことが肝要だろう。集団主義的なくくりかたではなくて、教師や保育者は、基本的に一人ひとりの自己表現にOKをだしてあげること。こうした環境にあれば、子どもどうしのあいだでも、他人の表現を認めあうまなざしが育っていくはずである。

そのためにはまず教師・保育者自身、あるいは学校というシステムそのものが偏狭な価値観から解放されなければならないだろう。世の中は、戦後だけをみてもずいぶん変わったというのに、学校の基本的な枠組や哲学は明治時代からさほど変わらない。もちろんその閉鎖性も。不登校やいじめなど、子どもたちの問題は、かれらがそんな集団主義的で管理的な学校に不適応か過剰適応を起こした結果ではないだろうか。

そうした不適応や過剰適応は教師にもあてはまる。学校というシステムのなかで、教師も「いい子」を演じなければならない現実があるのだ。

十年以上も前になるが、「学校がこわい」とかいうテレビドラマがあった。登場する小学校の教師は、クラスの子どもたちにとって「不気味」で「異常」で「こわい」先生。登校できなくなる子どももでてくるほどだ。その教師は職場のなかでも異端視されていた。なぜかというと、彼が地方の出身者で、大学の二部を卒業しているというシルシの持ち主だから。外向的にあらず、軽いノリが苦手で、根暗な性格の持ち主だったこともつけ加えられる。要するに「わずかな差異や非合理的な理由でのけ者にされ、いじめられる」という、いじめのストーリーが職員室のなかにも展開されるのである。

テレビドラマをそのまま日常に敷延できないとはいえ、これに近い現象は、実際の職員室にもおこっているかもしれない。聞くところによると、当番の先生が職員室の全員にお茶を注ぎ終わったとたん一斉に各自のお茶をこぼすという「お茶こぼし」は、ごく限られた学校だけでの話ではないらしい。

子どもや学校のことを考える際にはまず教員一人ひとりが、自身をとりまく問題をしっかり意識にもって、向き合うことが大切だろう。たとえばこんな警告もある(2)──

「正常な」われわれが、「異常」で「傷ついた」子どもたちをいかに癒すかではなく、一見「正常」と見えるわれわれの中にも、どれだけ「傷ついた子ども」が潜んでいるか、それがどれだけ他者に対して暴力的であるかを認識し、自分自身をこそ回復させていくことなのである。

ところで子どもの成長にとっては、コミュニティのはたす役割も見逃せない。子どもは地域の人びとから、親きょうだいとは異なる対応・評価・愛情・価値観などを学び、しばしばそれに支えられ、助けられる。まだ脆弱な子どもの自我にとっては、親や家庭という「港」はなくてはならないものだが、いろいろな人と交わる体験を提供してくれるひろがりのある世界が、かれらの成長をさらに応援するのである。

けれど、今日のように家庭が閉鎖的になると、子どもたちは親きょうだいとの関係のなかだけで自我を育てなければならない。ましてや、家庭がうまく機能していない場合などは、子どもの自我の成長を傷つけることにもなりかねない。また、親自身が子育てに対して不安があったり、自信がなかったりすることもありうる。あるいは逆に核家族化され一家庭の子どもの数が減少した現代では、子どもに注がれる愛とエネルギーが増大しており、その愛情にややもすれば、子どもの自我が呑みこまれかねない。

こんな時代だからこそ子どもには、かれらの存在そのものを支持し成長を見守る、なんらかのコミュニティが必要なのだ。人の行動を規定しがんじがらめに縛る共同体ではなく、一人ひとりの個別性を認めつつ、支え合うようなコミュニティ。最近では厚生労働省も文部科学省も、教育・保育機関だけに頼らない「家庭や地域での子育て支援」ということをうちだすようになった。

近頃は家庭に教育力がなくなったといわれる。実際そういう面もあると思うが、たった数名で構成される核家族に堅固な教育力を求めることじたい、しょせん無理がある。それを補うためにも、地域と子どもの関係はもっと開かれ豊かにされることが望ましい。

共同体が機能し、親戚もたくさんいたところで育った友人の話を聞いていると、少なくとも子ども時代については、集団のわずらわしさより、親兄弟だけにとらわれないひろがりのある生活や豊かな人間関係が語られる。友人宅は、隣近所どこでも子どもたちが自由に出入りできる遊び場だったそうだ。またある学生は、「親に叱られて、家から放り出されても平気でした。だって、行くところはいっぱいあったからです。たとえば、おじさんのところへ行って、ご飯を食べて、寝るといった具合です」と語ってくれた。

ある夕暮れどき、わたしはスーパーへと急いでいた。住宅街にある公園の横を通りかかったとき、子どもの啜り泣く声とともに『だれか助けてください』というか細い声が聞こえてくる。声のするほうに近づいてみると、男の子が遊具の汽車のなかにいた。聞くと、鍵をなくして家に入れないと言う。母親はまだ仕事から帰ってこないし、他に行くところもないらしい。……日も暮れて、さぞ心細かったことだろう。とりあえずその子の家の前で、母親が帰ってくるのをいっしょに待つことにした。

そんなことがあってからというもの、わたしは、放課後子どもクラブの整備も急務だが、それよりもまず親しい近隣の人びととの繋がりが必要だ、との思いを強くしている。

都市生活者のライフスタイルは、以前とは異なる様相を呈しているから、そのまま昔のようにはいかない。しかし、新しいコミュニティのありかたを模索することは可能だ。それに、子どものことを考えていくことによって、大人の生きかたもずいぶん変わっていくはずである。大人たちが「ほんとうに大事なこと」をきちんと考えて、それに基づいた決断と実行を積み重ねているとき、子どもはその後ろ姿に、仲間とともに生きることの大切さを教わるにちがいない。どうじにそれは、成熟した人間としての生きかたを学ぶことでもある。

高齢者のコミュニティ

日本もあっというまに高齢社会へ突入した。[3] わたしも四十代半ばを過ぎてから、いろんな身体の故障や体力不足に悩むようになり、この問題はぐっと身近にせまってきた。わたしの周囲には独身女性も多く、老後をどう生きるかというのは切実なテーマだ。たとえ家族や子どもがいても、戦前のような家族のありようが崩れ、高齢者の数が急激に増加し、医療の進歩とともに介護が長期化するようになった今日では、高齢者介護を家族の労働力だけに頼ることは困難になってきた。そうした意味でもこの問題は、どんなライフスタイルをとってきた人にとっても共通しているだろう。

わたしの主治医は、からだを診る際かならずこころの問題に耳を傾ける。そんな彼女が、診療の現場で耳にする高齢者の悩みとして「健康の不安」に加え「地域コミュニティの崩壊・家族のなかでの孤独」をあげている。[4] 終身介護の有料老人ホームに入るべきか、仲間で共同生活をするべきか、一人で介護サービスを受けながら生きるべきか……。しかしいずれを選択しても、わたしたちが一人で生きていけないということは厳然たる事実だ。お金さえあれば医療や介護の行き届いた老人ホームに入居できる、介護サービスをたくさん受けられる、「やっぱり、世の中お金よね!」、というように簡単にはいかない。

介護保険制度を例にとってみよう。この制度では、ケアマネージャーといわれる有資格者（管理者）が被介護者を数段階に分け、サービスの内容を決定する。しかしそこにおいて、介護される側の人格が認められていなければ、哲学も思想もない硬直した制度になってしまう危険性をはらんではいないだろうか。

介護保険制度に限ったことではない。有料老人ホームでも、何千万円という高額な入居料を払ったにもかかわらず、いざ生活してみるとパンフレットに謳われているような理想的介護どころか、あまりにもひどい実態だったので出てきたという話もしばしば耳にする。その根本にあるのは、介護保険制度と同様に、高齢者をひとりの人格ある存在として認識しない精神的貧しさと金儲け主義である。我が国では急速に高齢化が進んだために、そのスピードに福祉が追いつけなかったのだろう。制度が現実社会のなかで成熟していくには、まだまだ時間がかかりそうだ。

以前ある学生が、母親の義父の介護について話をしてくれた。お母さんにとっては、舅とはいえ家族にちがいはない。けれども家族や肉親として介護していると、さまざまなストレスに圧倒されることがある。「家族愛」という名のもとに頑張れば頑張るほど、介護する者は疲れ、被介護者に憎しみを抱くことさえある。そして自分を責める。これはもう悪循環そのもの。そこで、この母親は、「わたしはボランティアよ」という気持に切り替えたという。そうすることによってずいぶん精神的に楽になったらしい。

もちろん家族内だけでなく、介護者と被介護者の関係にはもっと多様なパターンがある。しかしいずれの場合にも共通していることを、この話は教えてくれている。それは、「わたしはボランティアよ」という言葉に表わされているような、介護する側と介護される側との新しい関係のもちかたである。つまり、介護する者は相手の人格を認め、相手の立場に立って介護するということ。介護される者は、自分がして欲しいことをきちんと、じょうずに伝え、できるかぎり自立しつつ介護を感謝して受けるということである。そこから新しい信頼関係が生まれてくる。どうじにそれは、弱者 - 強者という関係を取り払った、おたがいの可能性を伸ばし合う相互主体的な関係でもある。

介護する人も同様に高齢者というケースが増え、しかも介護が長期化する今日では、家族だけが重荷を背負うような介護のありかたは見直されつつある。今朝とどいた市の広報誌にも、さまざま福祉サービスの充実や介護支援センターのオープンのお知らせが掲載されていた。家族はもとより、地域で高齢者の介護を支援していこうという「これからの高齢社会のありかた」を記事のなかに読みとることができた。

ご自身も高齢者の、ある女医さんのクリニックでは、しばしば診察室（なぜか待合室ではない）が、おしゃべりの場と化す。先生みずからお茶など出されて、じつになごやかである。わたしが行けば、「たまには若い人（ちっとも若くないのだが）とも話さないとねぇ」と歓迎してくれる。またある鍼灸院でも、先生を中心に近隣の高齢者のネットワークづくりが進行しつつある。このように、公共の施設でなくとも、地域のなかでさまざまな相互支援の場が生まれ育っていくことが望ましいし、必要なことだと思う。同じ状況にある人も、異なる立場にある人も、ともに集う場として。そうした場はおそらく、おたがいが癒し、癒されるところ、生かし、生かされるところとして、わたしたちに体験されるのではないだろうか。

ここでは子どもと高齢者のことにだけふれた。それは、ポスト産業社会といわれながら、あらゆる場面で合理化が進行していく今日、その対極に位置する彼らの問題をとりあげることが、自分自身、あるいは社会の本質を考えるきっかけになるのではないか、と考えるからである。そして、子ども・高齢者は、わたしたちの前に他者として存在するだけでなく、わたしたちの内部にも、ひとつの自然として存在している。かれらを見つめることは自分自身を見つめること、かれらの幸せを願うことは自分自身の幸せを思うこと、かれらを癒すことは自分自身を癒すことにほかならない。

かーごの　なーかの　鳥は

ひとりぼっちの鬼

かごめかごめは江戸時代に興ったのではないか、と、そんな説もあった〔一二頁〕。

足の冷たいに草履勝うてたもれ。子を取ろ〳〵どの子が目つき、あとの子が目つき。
籠目〳〵籠の中の鳥はいついつ出やる、夜明のばんに、つる〳〵つつぱいた。

たしかに後半の「籠目〳〵籠の中の鳥は……」の部分が、遊び唄とそっくりだ。ところが、前半部分にある「子を取ろ〳〵」から思い浮かぶのはどちらかというと、こんな遊びかもしれない。これは「子をとろ子とろ」といって、平安時代には比比丘女《ひふくめ》ともよばれたらしい。(1) ――

まづ一人が鬼になり、他の児童や児女たちは互ひの帯の結び目に摑まり縦列形體を作り、一番前列の子供が大手を擴げてうしろの子供をかばふ。鬼になつた兒が、その子の前に立つて

子をとろ

子とろ

どの子をとーろ

といひ囃すと、

ちいちやとつて

みーさいな

といひながら、一番後列にゐる子を摑まへようとするのを、最初に立つて大手を擴げてゐる兒が、鬼に子をとらせまいとして、右に避け、左に避けて鬼を防ぐ……

これは恵心僧都（源信）が経文の意を汲んで創案したとされる。ストーリーは、地獄の獄卒にさらわれようとする子どもを地蔵菩薩が守るというもの。恵心僧都が般若院の地蔵に詣で、このような話をしたあとに、子どもたちを集めて獄卒と菩薩のやりとりを実演させたというのが遊びの起源だそうだ。(2) これはかつて老耄白髪《ろうもうはくはつ》の山伏たちによっても遊ばれたといわれるが、そんなことからも、子どもと大人の世界が非常に接近していたことが想像できる。

遊びは宗教儀礼の残滓だとする民俗学の見解もあって、とかく大人の行為を子どもが真似ると考えられがちだが、その逆があってもおかしくはない。清元の文句が「かごめかごめ」の遊び唄からとられたしても不思議ではない。大人のまじめな行為が子どもの遊びになり、子どもの無邪気な遊びが大人の文化に吸収されるような、大人と子どもの世界の交流もおおいにあったとは考えられないだろうか。

ところで、かごめかごめが創作されたといわれる江戸期といえば、豊かな文化が咲き誇っていた。綱吉の代にいたっては絵画・文学・芸能・工芸などが百家繚乱、成熟した元禄文化の絢爛たる時代が到来した。たとえば儒学の荻生徂徠、絵画では探幽による狩野派の再興、尾形光琳はあでやかな光琳風をうちたて、浮世絵では歌麿・北斎・豊國らが独特な筆致を完成させた。また、江戸歌舞伎・人形浄瑠璃・川柳など、さまざまな文化が光彩を放っている。

子どもたちの創作による遊びが群生するのもこの時代の特徴である。

この時期の文化は、けっして一部の特権階級のものではなく、江戸の庶民に浸透し、大衆によって育てられた。古代においては貴族階級の遊戯であったものが、江戸期にいたって民衆の手にわたったものも多くある。外部に対して極端に閉鎖的な鎖国という政策のもとで、人びとのエネルギーは、おのずと内側に向けられていったのかもしれない。

しかし一方で徳川時代は、それまでの長い戦国時代のはてに訪れた時代でもある。乱世による人心の荒廃が影を引いており、けっして一挙に安泰の世へと移行したわけではない。幕府は士農工商という身分制度を制定し、末端の行政組織として五人組を組織した。農民においてこの五人組制度は、農業経営上必要な協力体制であるとともに、共同体の秩序を乱さないための監視という側面を有していた。制裁としての「村八部」や「村払い」などもあった。

かなり長い期間にわたって村八分を受ける側は、精神的な孤独、実生活での孤立・不便など、はかり知れない苦痛を強いられたことだろう。しかもそれは、法的機関による処罰ではなく、日々の生活のなかで近隣の人びとによって行われるがゆえに、複雑で屈折した苦痛だったにちがいない。

みずからの友人の経験についての証言もある。(3) それは明治二十五年のことだというから、江戸時代の制度がその後もなお民衆の生活に生きていたことになる。制裁は、調停者が現われるまで数年間続き、本人はかなり困却した。もっともつらかったのが、病人がでても医者が診てくれないことだった。医者自身が裏切者のレッテルをはられるのを恐れたのである。なにが原因で村八分が始まったのかはわからないが、しだいに合理的な理由から非合理的な悪意へと変化していった、とも想像できよう。それこそが村八分という罰の本質かもしれない。管理的で閉鎖的な共同体のなかで、いつ自分がターゲットになるかもしれないという不安と恐怖が、無意識のうちにもスケープゴードを捜し求める。そして、人びとのこころのなかの悪意は、それにむかって流出されるのである。

そのほかにも、江戸市中を中心として、経済不安定の打開をはかるためにさまざまな布令がだされ、それが民衆の生活へさらに圧力をかけることになった。一部の町民はある種の自由と豊かな暮らしを享受したかもしれないが、越えられない身分の壁や逃れられない監視の網が、人びとを見えない鎖につないでいた。こうして徳川幕府による支配が続くなかで、しだいに民衆支配が強化されていったのである。

そのような時代背景や世相のなかでは、おそらく、個人としての自己表現より、集団としての連帯・結束が要求されたことだろう。さまざまな江戸文化の開花じたいが、幕府の民衆支配による圧迫感や生活の不安定さをはね返そうとする、人びとのエネルギーの奔騰であったのかもしれない。あるいは、抑圧された自由や自己表現を、芸術や芸能を営む人に投影したのかもしれない。それはまさに、光と闇とが交錯する時代だった。

かごめかごめの構造がかかえもつ共同性と閉鎖性は、まさにこういった社会構造を反映しているかのようでもある。目隠しされ閉じ込められた鬼は「私」自身。共同体の成員はなにがきっかけで「はずされ者」のシルシをつけられるやもしれない。共同体の外の「よそ者」はいうに及ばず、異人としての鬼なのだ。

ここですこし「よそ者」について考えておきたい。

閉鎖的な共同体では、よそからの参入者がすんなり受け入れてもらえないことがある。客人《まろうど》として外部の情報を運んでくれる人は、それなりの価値を付与されて歓迎されたかもしれない。しかし定住するとなると話は違ってくる。現代でも、学校に転校生が来たりすると、品定めと好奇のまなざしにさらされ、しばしばからかわれ、いじめられる。一種の加入儀礼がほどこされるのだ。

たとえば戦前の共同体では、その結束の固さと閉鎖性のために、よそから来た嫁や婿がイエやムラの一員として認められるにはかなり厳しいハードルがあったようだ。たとえば「しえ殺し」という儀礼もあったらしい。(4) 安曇の氷室の御大師講では「おしえ」とよばれ、他村から来た新しい婿や嫁が御馳走攻めにされる。その結果、食べ過ぎて死ぬ者があれば、その年は豊作なのだそうだ。のちにその生贄は旅の者や乞食に移り、最後に犠牲者がでたのは明治だったという。表向きは豊凶を占う儀礼だが、その背後には、新参者いじめを通り越した悪意を感じる、なんともおぞましい習俗である。

大人のこころに澱のようにたまった、鬱屈した「抑圧感」やそこからくる「悪意」は、とうぜん、子どもにも感染力をもつ。なぜなら子どもは大人の無意識の深層に容易く反応するから。かれらは大人社会の微妙な規範意識を敏感に察知する能力を有しており、そこでの「排除・攻撃」がかれらの社会で増幅されるのである。また、子ども社会はある意味で閉鎖的で逃げ場がないがゆえに、大人社会の闇を重く引き受けることになる。

こうして子どもたちは、共同体の内圧とそこから生じる悪意を無意識のうちに受けとめ、遊びという形で表現する。

古代版かごめかごめの「廻りの廻りの小佛さん」という遊び〔八五頁〕では、鬼にも主体性があって周囲との力関係が拮抗しているのだが、それに比べると近世以降のかごめかごめには、時代の抑圧感と、人びとの闇が凝縮されていったように感じられる。だとすると「自由を拘束された籠の鳥のあわれな境遇」を歌ったもの、という説もにわかに説得力をもってくる。あわれな鳥は、しばしば「異人」や「遊女」であり、ときに「自分自身」なのである。

さらにこの遊びの危うさは、構造上、遊ぶ者が容易に闇に落ちてしまう可能性をもっているところにある。遊ぶ者の闇を引きだしてしまうといってもいい。伝承遊びは、骨格が堅牢であるがゆえに、よくも悪くも、それじたいのテーマに子どもたちを沿わせてしまう。テーマに悪意が秘められていれば、やはり、子どもはそれを生きることになる。かくして子どもたちは、遊びのなかへ直截に、時代と人の闇を映し出すことになる。

しかし一方で、ルールを守って正しく遊ばれているかぎりは、人びとのこころの闇を解放してくれる。子どもたちが愉しそうにかごめかごめに打ち興じるのを見るとき、大人たちは、自分の闇がなだめられ慰められるように感じるのではないだろうか。子どもたちは世のなかの闇を受けとめ、それを浄化させるかのように、いっしんに遊びの輪をめぐらせる。

遊びのもつ両義性がここにもあらわれている。伝承遊びというものは、こころの善も悪も、光も闇も含めて、わたしたちが人として生きるために、長い歴史のなかで生きつづけてきたのだと思われてならない。

孤独を生きぬく

まわりの子どもはみんなで楽しそうに歌い回っているのに、鬼はひとり目隠しをしてしゃがんでいる。――人が人とともに生きる存在であるがゆえの孤独。しかしその孤独もまた、わたしたちの人生において大切なつれあいとなる。

それぞれの孤独

孤独ということばから、まっさきになにが連想されるだろうか。

まず青年の孤独。これは、「自分とはなにか」「生きるとはどういうことか」という問いへの答えを探す若者の哲学的な苦悩に始まる。ひとむかしまえの若者たちは、その答えを見つけるべく仲間たちと夜通し議論し、語り合ったものだった。あるいは、あえて孤独のなかに身を置きながら、思いをめぐらせたり、自分自身と対話をした。若者はさすらった。わたしの記憶のなかにもそんな若者たちがいる。

自転車で九州一周の旅をする大学生は、わたしの家を最後の宿とした。『伊豆の踊子』が好きなロマンチストは、その作品の足跡をたどる旅を独りっきりの卒業旅行にした。また、自問自答に入り込むあまり、現実の世界へ戻ってこられなくなった人もいる。そしてわたしの友人は、よく潜りに行って美しさを絶賛していた海を前にして、早春のある未明、みずから命を絶った。

孤独と一体となった「自分探し」は、適度の現実感を維持していなければ、ときに悲惨な結末を生むこともある。一九八七年のベストセラー小説にも、激動の時代を生きる若者の孤独とこころの葛藤がつづられている。[1] 現実の世界と皮一枚でつながっているあやうい青年（このような孤独も、七〇年代後半頃からすこしずつ姿を変えていったようだが）——

一九六九年という年は、僕にどうしようもないぬかるみを思い起こさせる。一歩足を動かすたびに靴がすっぽりと脱げてしまいそうな深く重いねばり気のあるぬかるみだ。そんな泥土の中を、僕はひどい苦労をしながら歩いていた。前にもうしろにも何も見えなかった。ただどこまでもその暗い色をしたぬかるみが続いているだけだった。

つぎに近代人の孤独についてみてみよう。ここには、近代人の自我の発達とライフスタイルの変化が大きくかかわっている。

人間の歴史をおおざっぱに眺めると、はじめに原始共同体における生活がある。そこでは共同体の一人ひとりの自我は融合していた。あなたと私のあいだに明確な境界線はなく、個人は共同体のなかに安らいでいた。ヨーロッパでは中世になると神の存在が大きくなり、人びとは神の摂理のなかで安定し、その護りのなかに我が身を置くことになる。ここでは個人の自我よりも神の摂理のほうが優先された。

ところが近代になると、人間の自我はぐんと発達してくる。一人ひとりが平等で個別な存在であり、自分の生に責任をもたなければならないことを知るようになる。そこには、共同体にひとくくりにされる不自由も、神の護りにすべてを委ねる素朴さもない。自由な「個」として生きることに目覚めたのである。ところがそのことは、よい知らせばかりをもたらしたのではなかった。わたしたちは自由の獲得とともに「孤独」を背負うことになったのだ。それが近代人の孤独――わたしたちは「孤独な群衆」なのである。

福岡出身のわたしは、大学生のときから阪神間に住むようになった。はじめて大阪の梅田へ出掛けたときにあまりの人の多さにびっくりしたことを鮮明に覚えている。どうじに、これだけ人がいるのに知っている人にはおそらく何時間歩きまわっても会わないだろうと思った。そのときわたしは、都会はだれもが匿名で生きられる空間だということを知った。

夏休みに友人を訪ねて東京へ行くと、そこには大阪よりもっと大規模でクールな空間があった。それゆえの居心地のよさと寂しさが東京という大都会には同居しているのかもしれない……などと、ぼんやり考えたものだ。

人間は歴史の必然として自我意識を発達させてきた。自我意識は自分自身を「個性のある、かけがえのない存在」として育てようとする。そして、他人とのあいだに境界線を引くことになった。ここに近代人の孤独の根っこがある。

その自我意識はまた文明を進歩させた。近代化、経済の成長は、あきらかに「個としての人間」をサポートする方向を進んできた。そして、近代化の落とし子である便利さや豊かさは、自由と快適さとともに「孤独」を連れてきた。これは良いか悪いかの問題ではなく、歴史的事実である。

つぎにあげるのはもっとも今日的な孤独かも知れない。それは、老人の孤独である。

ついに高齢社会に突入した。高齢者の問題は、すぐ明日のわが身の問題だ。医学の進歩によって長命を得て、高齢者へのパスポートを手にした。人生八十年と謳われ、高齢者の生活が人生の視野へ入ってくるようになった。しかしその問題にわたしたちは直面して間もない。個人や社会がどのように受けとめていくのか、目下のところ模索中である。

介護保険・介護制度もスタートしたが、身体的な援助だけでは高齢者の福祉は解決しない。高齢者のこころのケアの一部分として「老人の孤独」をどのように支えていくかが課題だ。地域共同体が機能していたときには、老人もまたそのなかで自然に受け容れられ、生きてきた。ひとつの共同体のなかに赤ん坊から老人までがともに暮らしていることがあたりまえだったから。しかし現代では、この問題を個人のレベルで考えなければならなくなってきたのだ。つれあいには先立たれ、子どもは遠くに近くに独立世帯をもち、身体は弱り、身近に親しい友人もいないとすれば、高齢者の孤独は非常に現実的で実際的である。「長寿」が社会の慶事から厄介事へと変化しかねないのが現状かもしれない。

いくつかとりあげたが、ほかにもいろいろな孤独がある。子どもには子どもの孤独がある。学歴社会の重圧やいじめ——それらからくる仲間関係の難しさには、これまで子どもが味わわなくてもすんだ孤独が透けてみえる。犯罪に手を染めた青少年の共通点にも、友人や仲間の不在がある。

また、二十世紀も終わりを迎えた頃から中高年の自殺が急増しているが、その背景にも孤独の影がちらついている。経済不況からくるリストラによって仕事を奪われた人は、社会的にも家庭的にも厳しい孤独と向き合わなければならない。たとえその対象から外れた人も、過重な仕事量によるストレスや過労などがよびおこす深刻な孤独に襲われかねない。

女性にもさまざまな孤独がつきまとう。働く女性には、男性社会の名残が生みだすさまざまな差別が覆いかぶさり、家庭との両立が困難であることからパートナーとのあいだに葛藤も生じる。もちろん、家庭のなかで子育てを担う女性にも、不安や孤独が押し寄せる。それが自分自身への責め苦になったり、子どもの虐待の原因になったりする。

そもそも孤独とは

さて、このようにみてくると、孤独＝悪のように思われてくるが、はたしてそうなのだろうか？　すこし現実の問題をはなれて考えてみよう。

まず確認しておきたいのは、孤独と孤独感は異なるものだということ。先人に従って定義してみるなら(2)——

・孤　独　——　ひとりであること
・孤独感　——　孤独を感じること

孤独の語源は中国の「孤独鰥寡《こどくかんか》」という熟語にあって、それが縮められて「孤独」と使われるようになったそうだ。つまり孤児の「孤」、独身の「独」、「鰥」は妻に先立たれた夫、「寡」は夫に先立たれた妻を意味しており、いずれも「ひとり」というありようを表わしている。孤独とは、感情ではなく、人間のありかたなのだ。これはキェルケゴールやハイデッガー、サルトルなどのような、人間を「個としてあるもの」ととらえる考えかたに通じる。わたしたち人間は自我意識をもつ個別で個性的な存在であり、その成熟のための目的として個性化すなわち「個として生きること」がある、ということになる。

しかし個としてのありかたは、その必然として孤独をかかえこむことになる。「個として在ること」は、どうじに「孤独であること」にほかならないのだ。わたしたち人間は、好むと好まざるとにかかわらず、生まれながらにして孤独だというわけである。この事実はすべての人に等しくある。

つぎに「孤独感」について考えてみたい。孤独というありかたはみな同じでも、それをどう感じるかについては人さまざまだろう。「孤独」が哲学の領域だったのに対して、これはこころの問題、つまり心理学の領域である。

日常レベルにひきよせて考えてみよう。単身赴任で家族と離れて地方へ行くことになったとする。ある人は「なんて不便で、さびしいんだろう」と、その期間を憂鬱に感じるだろうが、別の人は、都会では出来なかった好きな釣りを楽しみ、家族に拘束されないひとときをエンジョイしようとするかもしれない。

とてもさみしがりやの友人がいた。彼女は一人でいることに耐えられないので、つねにボーイフレンドを求めた。関係がうまくいっているときはよいのだが、相手に多くを求め過ぎるためトラブルも絶えなかった。そんな娘をみて父親は『M子は、どうしてそんなにさびしいんだろうね。ひとりの夜は、たとえば「あぁ今夜は月がきれいだなあ」と思えばいいじゃないか』と言ったという。M子は『そんなふうに思えたら苦労しないわよ！』と憤慨し、父親の理解のなさを嘆いていた。彼女はおそらく、他人にはわからない切実な孤独感を抱いていて、それを分かち合い癒し合う相手を探していたのだろう。まるでプラトンが『饗宴』で語る、ベターハーフを求める恋のように……。

このように、さみしがりやさんは孤独に対してネガティブな感情をもちやすく、そうでない人は「ひとりであること」にさほど寂しさを感じない。なかには、他人といるなんて煩わしく、ひとりでいるのが快適だと感じる人もいるだろう。また、ある人には憩いをもたらしてくれる山や海、森のなかなどの自然が、別の人には孤独感を感じさせる場合もある。このように「孤独感」は、その人の歴史や環境、性格・年齢・性差・物理的社会的状況などいろいろな要因によって微妙にちがってくる。

わたしたち人間は、実存的に孤独な存在だ。太古の人びとのような集団に溶け合う自我のありようは、もはや望めない。私はあなたとは違う人間であり、それこそが「かけがえのなさ」でもあるのだから。かくして、孤独は現代人にとって事実以外のなにものでもなく、それから逃げることはできないようだ。それならば、孤独を引き受けつつ、わたしたたちは生きていくしかない。

孤独の引き受けかたとして、まず「孤独感」には二つの要因があるらしい(3)——

・要因1 —— 人間同士の理解・共感についての感じ(考え)方
・要因2 —— 孤独(自己の存在の仕方)への目の向け方

これらはいずれも人間存在の根本的な二つの方向からでてきている。ひとつは、人間の「個」としてのありかた(要因2)。ふたつめは、人とともに生きるありかた(要因1)である。ということは、孤独感とはわたしたちのもっとも中心にある感情かもしれない。

要因1は、現実の他人との関係のなかで生まれてくる感じかたや考えかた。そこには、他人による理解や共感が可能だと感じる人と、不可能あるいは困難と感じている人がいるわけだ。そして後者が孤独を感じる。

要因2は、人間は個別な存在であり誰もが他人にとってかわることができない、ということへの感じかた。それが目をそむけたい事実として受けとめられていたり、不安や恐怖として感じられたりすると、ネガティブな孤独感となる。一方、それがあたりまえだと思ったり、むしろ解放感すら味わうものとして受けとめられると、ポジティブな孤独感になる。

ネガティブな孤独感

ネガティブな孤独感には、疎外感・劣等感・自己嫌悪感・空虚感・不安感・無気力感などがある。自分がのけものにされているような感じや、取り残されているような感じ（疎外感）、自分だけがだめな人間に思えてしまうような感じ（劣等感）などは、ある集団のなかでの自分自身への評価や印象である。それは他人との比較から生じる場合もあれば、客観的な評価をつきつけられる場合もある。ときには、まったくのひとりがてんや思い込みの場合もあるかもしれない。

ここでは「劣等感」をとりあげることにする。

この言葉をつくりだしたのはアドラーという精神医学者で、そもそもは子どもに対して使われたものである。子どもはとうぜん大人に比べて弱く、未熟で、無力な存在だが、そのことによって深い劣等感に悩まされ、そこから、力を得、他者の支配から自由になろうとする欲求が生まれてくるという。子どもにしてみればあたりまえで自然な傾向だろう。小さな子どもたちは、身体が大きくなることに喜びを感じる。幼稚園での身体測定のとき、前月よりも身長や体重がふえていると、かれらは素直に喜びを表現する。そういう意味で、大人に対する自然な劣等感は、むしろ健やかさのシンボルといってもよい。

子ども時代にその源泉をもつという「劣等感」は、その後も多かれ少なかれ一人ひとりに宿り、しばしばわたしたちを苦しめる。学校での勉強・運動の成績、職場での仕事の評価などはその顕著なものだ。自分の属する集団で最下位の評価を受ければ、落ち込むなといってもそれは無理なことだ。だれもが、できれば上位になりたいと思っているのだから。また身体的レベルでの劣等感もある。背が高い／低い、痩せている／太っているといった体形にまつわること、あるいは病気がちであるとか、体力がないといったことも劣等感の原因になるだろう。

わたしは子どもの頃、気管支喘息をもっていて、一年の三分の一を欠席する学年もあった。数日間欠席していちにち登校するといったことが繰り返され、それに体育を見学することが重なったりすると、自分のからだながら情けなくて、ほとほといやになった（わたしの自信のなさは、どうやらそんなところに根っこがありそうだ）。しかし、元気なときにはいろいろなことをやたらに頑張った記憶もある。このように、劣等感を感じるというのは裏を返せば、いまの自分に満足できなくて、もっと強くなりたい、勉強や仕事ができるようになりたいと思うことにほかならない。そのようにして、自分がよりよく生きたい、より強くなりたいと願うのは、すぐれて人間的なことでもある。

「劣等感」の研究ははじめ、おもに生理学的なプロセスに関して行われていた。その結果、ひどく弱い器官をもっている人はそれを補償しようとして訓練したりするうちに、その器官がもっとも強くなり、その人を支える力になることがわかったそうだ(4)――

・ほとんどすべての著名な人々のなかには、何らかの器官劣等が見られる。そしてわれわれは、彼らが人生の最初に苦しい目にあったが、努力して苦難を克服したのだという印象を受ける。

・重要なことは、どんなものをもって生まれてきたのかではなく、その与えられたものをどのように利用するかである。

あまりにも強い劣等感とそれへの固執は、自分に与えられているよいものを見えなくさせ、その人を押しつぶしてしまいかねない。ところが、ほどほどの劣等感は、誰にでもあるものだし、むしろその人を建設的な方向へと歩ませるきっかけにさえなる。自分の弱い部分はある意味で認識しやすく、自己成長のための目標になりやすいからだ。劣等感じたいは悪でも異常でもない。それもまた、こころの自然。どのように認識して向かい合うかによって、自己の改善につなげることができるものなのである。

努力によって劣等感は善へと変わる。しかし一方で、いくら努力したからといってすべての人が集団や組織のなかで一番にはなれないという現実もある。ここで必要になってくるのは、相対的な評価によって人間の価値を決定しないということ。集団や組織のなかでの評価が唯一絶対的なものであるなら、最下位の人は大人でも子どもでも、自分の存在が根底から否定されているように感じられるだろう。

今日、子どもも大人もつらいのは、ある一つのものさしで人間の価値が測られてしまいがちだからではないだろうか。たとえ、学校で成績が悪かったり、会社で出世できなくとも、家庭や仲間のなかで「かけがえのない」存在として愛され、認められ、受け容れられていたら、外での評価はひとつの側面にすぎないと思うこともできる。要は、学校や企業の論理が家庭にまでもちこまれないことが大切だ。そしてわたしたちは、自分と特別の絆や縁で結ばれた人として家族を認め、許し、受け容れることがもっとうまくならなければならない。そのうえで一人ひとりが、自分に与えられた個性に磨きをかけながら、人生をよりよいもの、愛すべきものにしてゆくことが大切なのではなかろうか。

また「疎外感」も、自分を孤独だと感じさせる感情である。いわれのない差別や理不尽ないじめによって集団から疎外されている場合もある。集団の側に原因があって、人びとの影[5]が集合的になったときにそのようなことが起こりやすい。ただし、疎外感を感じている当人になんらかの原因がある場合もある。他人にこころが開けない、他人とうまくやりたいと思っているのに自分を素直に表現できない、他人の言動に過敏に反応しすぎる、など人間関係のもちかたの不器用さからくる疎外感もある。このばあいは、自分の傾向を認識し、それを意識的に変える努力をすることによって、状況をよくすることも可能かもしれない。

自分にとって好ましくない孤独感、不必要な苦痛をもたらす孤独感については、それがどこからくるのかを考え、解決策を探してみるのも一案だろう。その作業は、自分自身や人間や社会をいっそう理解することにもなる。ネガティブな感情も、きちんと向きあうことによって、その人を育てる糧になっていくことがありうるというわけだ。

ポジティブな孤独感

わたしたちはときおり、いや、しばしば感じる――「一人になりたい……」と。

子育てと家事に追われる友人が、『他にはなんにもいらないから、一人だけの時間が欲しい』と、ため息まじりにつぶやいていた。世のなかには、わざわざワンルームマンションを借りて、仕事帰りに寄り道をする人もあるらしい。会社で自分を見失いそうになるほど消耗した人にとっては、家庭までもが煩わしい場所に感じるときがあるのだろう。子どもたちもけっして呑気に暮らしているわけではない。やれ急げ、やれ勉強、と尻を叩かれてばかりでは息もつまるにちがいない。

妻にとっても、夫にとっても、子どもにとっても、休日に自分一人で留守番をするのは、あんがい安息の時なのかもしれない。

哲学者のモンテーニュもこんな風に語っていたようだ、「私たちは、すべてが自分のためにだけある、完全に自由になれる、小さな、人目から隠された庵を確保しなければならない。そして、そこでは本当の自由と本質的な退却と孤独とを達成できる」と。

一人になること。それは、誰にも邪魔されず、気兼ねせず呼吸するために、そして、自分自身をとりもどすために必要なことだ。それは、疲れたり傷ついたりした私を休息させ修復するには必須である。

人間の自我はそれほど強靱ではない。わたしたちは他人との関係のなかで育てられ、生かされており、わたしたちの自我は人との関係によって鍛えられ、洗練されていく。しかし、今日の会社や学校での人間関係は、大人にとっても子どもにとっても、エネルギーを消費させる場でもある。経済不況の折柄、会社で自分の地位や立場を保持することはたいへんな努力が必要だろう。いじめがなかなか排除できない学校も、子どもたちには気苦労の絶えない場所だ。他人に気を遣いこころを配るタイプなら、なおさらだ。

また現代は、外向的であることが要求され評価される傾向にある。人とじょうずに付き合うこと、軽やかな人間関係をつくること、他人を傷つけず楽しい雰囲気を壊さないこと、などの価値はとくに若い人たちに浸透しているようだ。それは社交上けっして悪いことではないが、どうじに、疲れることでもある。なぜなら、たえず周囲にアンテナをはりめぐらせて、他人に関する情報をキャッチしていなければならないから。

そこでわたしたちには、投げ出したくなるような人間関係や自分自身をとりあえず棚にあげて、ちょっと一休みが必要になる。

偉大な哲学者の言葉「疲れたら休め」は真実だ。あの時にちょっと休んでいたら……と、とことん行き詰まってしまったところで悔やむことがある。じょうずに一休みするのは、この生きにくい現代をわたっていくために大切なことかもしれない。ひとりの時間をもつことによって、自分らしさを回復し、こころの健康を維持することができるなら、孤独は疲労の特効薬だろう(6)(もちろんそれは他人にも認めてあげなければならない)。つまり、「個として在ること」と「他者とともに在ること」の両方が大切で、わたしたちはそのバランスをとりながら生きることが必要なのだ。

なかには、もっと積極的に孤独を受けとめ、それに充実を感じる人もいる。とくべつ人間関係や仕事に疲れたわけではないが、ひとりの時間や空間をこよなく愛する人もいる。ひとりでいるときこそ、もっとも満たされ、充実していると感じるのだ。

これは極端な例だが、太平洋や大西洋をたったひとりで渡るヨットマンがいる。南極を探検する人もいる。彼らは、冒険好きで記録へ挑む人であるかもしれないが、おそらく、一人で行動することに充実感を覚えてもいるのだろう。そして凡人にはまねできないほど、孤独に強いはずだ。

あるいは出家遁世して暮らす僧侶にも、孤独の極みをみることができよう。良寛さんも然り。彼は村里から離れた森の中に庵をむすび、ひっそりと生活した。人と接触するのは、村へ托鉢を乞いに出るときだけ。草庵での暮らしが浮かび上がってくる詩がある——

千峰凍雪合し
万径人跡絶ゆ
毎日只面壁のみ
時に聞く窓に灑ぐ雪

吉本隆明はこの詩を、「たくさんの峰の山あいには凍みついた雪がいっぱいつもっている。それで道はすべて雪で埋もれて人跡はみえなくなり、毎日小屋のなかで壁に面して無為に座っている。ときに窓に雪が降りかかっているのが聞えるという内容です。……〔中略〕……仏という状態はそれ以外のなんでもないのだということを、たぶんこの詩は表現しようとしているとおもわれます」と解説している。(7)

人里離れて、ボロをまとい、乞食して食べ、月を愛で、花に迷う生活。村人と付き合わず、奉仕も善行もしない。彼が唯一、他人と交わることといえば、托鉢の途上に出会う子どもたちと鞠つきをして遊ぶときだった。その暮らしぶりには、禅僧としての徹底した姿勢がうかがわれる。このような孤独の過ごしかたは、おそらく凡人には無縁だろうが。

たしかに、ひとりでいられることは一種の能力だ。[8] 冒険家や探検家、ジャングルの奥地で単身研究にいそしむ人などはもちろんだが、特別な生き方や事情のためでなくても、人里離れた山村・漁村で、誰にも頼らず日々の生業に精をだし、たんたんと生きている人のことを見聞きすると、「孤高」という言葉が思い浮かぶ——孤独を恐れず生きる人びとへの、憧れの念をこめた賛辞として。

いま周りを見わたすと、最近の若者は仲間との関係にとてもデリケートで、それを大切にする。そして孤独を恐れたり恥じたりしがちだ。しかしこのあたりでもう一度「孤独を生きることの魅力」について、見つめなおしてもいい頃かもしれない。

孤独と成熟

人間が生きていくのに目的があるのかどうか、わたしにはよくわからない。「ただ生きること」こそ、生あるものの目的ではないかとも思う。

しかし、もしそれ以上の目的を想定するとすれば、それは「成熟」かもしれない。ただし、この時期にコレができて、つぎはアレができて……といった直線的な発達のことではない。もちろん、よい成績をとることや受験戦争に勝つこと、大企業に就職することでもない。ましてや、地位・名誉・財産の獲得に血まなこになることでもない。

成熟とは、自分自身を疎外せず、その内面にエネルギーを注ぎ、さまざまな内的経験を積み、紆余曲折を経ながら「おとな」になっていくことなのだ。

その成熟が難しい。人生の表面的な事柄にこころを奪われてしまいがちだ。必死で勉強して有名大学に入ったとたん、こころの「からっぽ」に気づいて唖然とする若者がいる。内面を育てるために時間もエネルギーも使えなかったのだろう。立ち止れば倒れてしまう……受験戦争はそれほど苛酷なのだ。しかし幸いにして空虚さに気づいた者は、それからがほんとうの勝負どころだ。かれはきっと「成熟」のために生きはじめるだろう。

さてここですこし、おとぎ話にふれてみたい。

おとぎ話なんて子どものもの、と思っている人もいるかもしれない。しかし実際はそうではない。世界的にみても十七世紀までは、それは大人のためのものだった。子どもたちは、おとぎ話に耳を傾ける大人たちに紛れて聞いていたのである。

それがいつしか聞き手から大人が退き、子どもだけが残るようになった。大人が精神の素朴さを疎み、合理的な思考を好むようになったからだ。それは自我意識の発達によるものので、近代化における必然ではあった。けれどもどうじに、大人はみずみずしい感受性をも失うことになってしまったのである。

おとぎ話はそのような歴史のなかで、姿かたちは変わりこそすれ、本質的なところでは、その骨格をしっかりと保持してきた。なぜかというと、おとぎ話は、大人であれ子どもであれ、男であれ女であれ、いつの時代にもどこの人びとにも愛される普遍性を有していたからである。そこには、人間が生きることの根本にかかわることが語られている。

そうしたおとぎ話のなかには、「成熟」をテーマにしたものがたくさんある。いや、ほとんどがそうかもしれない。人がどのように生きるか、わたしたちがどのように愛し、憎み、耐え、知恵をつかい、危機をのりこえ、幸せをつかむかが語られているのだ。おとぎ話はすべて、わたしたちの人生そのものだし、主人公たちは「私」そのもの。だから、子どもはもちろんのこと、大人だっておとぎ話を手放せないのである。

そこで、孤独と成熟をあつかうお話をみてみよう。じつはこのテーマはたくさんみられる。むしろ、おとぎ話では必ずといってよいほど孤独が語られ、どうじにそれが人間の成熟にかかわっている。ここでとりあげるのは「千匹皮」というお話(9)——

——むかしむかし、金色の髪をしたそれはそれは美しいお妃をもった王様がいました。ところがお妃は、「わたしと同じくらい美しい人でなければ、お妃に迎えないで……」という遺言と、一人の王女を残して死んでしまいました。

——その後、王様は次のお妃を迎えようともしないので、家来たちは死んだお妃と同じように美しい花嫁を探しました。ところが、そんな花嫁はどこにも見つけることができません。

——そんなある日、王様は、成長した王女が死んだお妃にそっくりなことに気がつきました。王様は、急に王女がいとおしくてたまらなくなり、こう宣言しました——「わたしは、わたしの娘と結婚する！」。

——それを聞いた家来たちがあわてふためいたことは、言うに及びません。必死になってやめさせようとしました。そして、もっと驚いたのは、王女でした。「なんとかして、そんなばかな考えをすてさせなければ」……。

——そこで王女は、婚礼の日までに王様がかなえることのできそうにない要求を、ばかな計画の条件としてだすことにしました。それは、この世では手に入れられそうにない四枚の着物でした。一つ目は太陽のように輝くもの。二つ目は月のように光るもの。三つ目は星のようにまたたくもの。そして、四つ目は千種類の毛皮でつくった外套。


ところが、こともあろうか王様はそれらをぜんぶそろえてしまった。もう、王女に残された道は一つしかない。そう、逃げること。ひたすら逃げることだ。

自分の美しさに酔った妻。彼女の美の虜になった夫。そのあげく、彼は、近親相姦的悪魔に捉えられた父親になってしまった。これは昔話とはいえ、ちっとも古びたテーマではない。現実は、程度の差こそあれ、似たりよったりである。父や母がいなければ、だれ一人としてこの世に生を受けない。その意味で、親は大切だ。けれども、彼らが理想的であることは、ほとんどといってないだろう。この王女のばあいもそうだった。そして、彼女の父親はひどすぎる。そんなむちゃくちゃな親からは、そう、逃げるのがいちばん。人生には、逃げることが、もっとも賢く、勇気ある行動である場合がある。

まったく孤独になった王女は、歩いて歩いて、やっと森のなかに逃げ込んだ。おとぎ話にしばしば登場する森は、人間のこころの深い領域をあらわす。そこでは、主人公たちが大人になるためのイニシエーションがとりおこなわれる。森のなかで主人公の魂の変容の旅がはじまる。悪夢のような状況から逃げ出してきた王女は、身もこころもボロボロ、くたくた。けれども、おとぎ話の主人公は前へ進む……自分の運命を信じて。でも、まぁ、あまりに疲れたときには、ちょっとひと休み。王女は千匹皮の外套を着て、木のうろのなかで長いあいだ眠った――

――やがて、そこに森の持ち主の王様が通りかかりました。身に付けた外套から、まるで獣に見える王女は、本来の美しさを隠したままで王様のお城に連れてこられます。そして、王女は、台所の仕事を与えられました。それからというもの、王女は灰にまみれ、ひとりぼっちで、みじめでつらい日々を長い間おくりました。

シンデレラも、白雪姫も、ヘンゼルとグレーテルも、そしてわたしたち現代人も同じだろう。孤独でつらい日々をもくもくと働きながら過ごす時期があるが、それは、人間の成熟にとって必要な孤独であり、労働なのだ。そんな毎日に耐えていると、人生には転換期がやってくる。王女にもチャンスが訪れた――

――あるとき、お城で宴会が行われることになりました。王女はこっそり獣のような外套を脱ぎました。そして、父親のもとを逃げるときにもってきた三枚のとびっきり美しいドレスを着て、宴会にでかけます。はじめは太陽のドレス。二度目は月のドレス。三度目は星のドレスでした。そして、そのたびに王様のスープの皿に自分の大切な金の指輪、金の紡ぎ車、金の糸巻をそっと入れました。それは、「お願い、私を見つけて……」という無言のメッセージです。

――やがて王様は、千匹皮の外套をまとっていた娘が、その輝くばかりに美しい王女だということをつきとめました。灰にまみれた千匹皮の下にあるほんとうの彼女の美しさを発見したのです。そして二人は結婚し、死ぬまで幸せに暮らしましたとさ。

人間は生まれながらにして、あるいは親によって与えられた「よきもの」（千匹皮の王女のばあいは、三枚のドレスと宝飾品）をもっている。ひどい親たちであっても、かれらがくれた物は、必要なときにちゃんと娘を助けた。ただし、大人として成熟するには、宝物に磨きをかけ、じょうずに生かし、ほんとうに価値あるものに育てて用いなければならない。その作業は、しばしばおとぎ話の主人公たちのように、孤独のなかで、時間をかけて行なわれる。自分の人生をみずからの手でひきうけていこうとするとき、孤独はつきものなのだ。いや、孤独こそがそれを可能にさせてくれるのかもしれない。

孤独を恐れず、恥じずに、自分の足でしっかり立って歩こうとするとき、それは、成熟にむかう若者にとって育ての親ともなりうるのではなかろうか。

孤独と創造性

創造性というと、なにか特別な才能を思い浮かべるかもしれない。しかし創造性はそんな人たちだけのものではない。ある心理学者はそれをつぎのように分類している[10]――

① 特別な才能の創造性
② 自己実現の創造性

①は、天才や科学者、発明家、芸術家といった特別な人々にみられる創造性。それは社会的に新しい価値をもつかどうかによって評価される。かれらはつねに新しい考えや技術、

独創的な発想や表現のために努力を重ねている。

②の創造性は、わたしたちの誰もがもっているもの。社会的に高い評価を得ることより、自分自身のなかで新しい価値あるものをつくりだす経験のことだ。たとえば、新しい料理を覚える、手芸や洋裁で作品を生みだす、庭に花々を咲かせる、日用大工で作品を作る、資格取得に挑戦する、語学を勉強する、地域やPTAの仕事に精をだす、習い事をする……といったように、創造活動の場は無数にある。もちろん日々の仕事を一生懸命することも、自己実現につながる。また、趣味、地域活動において自己を発揮することができれば、わたしたちは生き生きとした感情や、生きることへの意欲をいだく。

自分のなかに眠っている小さな能力に目をかけ、手をかけて育てていくことは、自分の人生を充実させるうえで大切であり、そのプロセスのなかで、わたしたちの人生は限りなく創造的になっていくのである。さらに、①と②には連続性があって、趣味を深めていった結果、玄人の領域に達したというのは、よくみられることだろう。

さてこのような創造活動は、どのようなものであっても、ある部分は必ず「孤独」のなかで営まれる。たとえそれが地域活動のような、他人とかかわることが多いものであっても、案や方策を練ったり吟味する作業などは、しばしば一人で営まれる。学生がレポートを書いたり、ビジネスマンが企画書を作成したり、料理人がレシピをひねり出したりするときも一人だ。そうした一人作業のなかで、わたしたちはすばらしいアイディアを思いついたり、すてきなイメージを描いたり、思わぬ発想にであったりして、わくわく、ドキドキする。これが創造活動の魅力だろう。

しかし一方では、そこには集中力や粘り強さ、活動への誠実さなどが要求され、どんなささやかな創造活動にも「産みの苦しみ」が伴う。ある人は、一人でものを考えることについて、このように語っている[12]——

たしかに、なにごとかを確信して、自分の考えと呼べるようなものを獲得するのはたいへんむずかしいことではある。しかし、私自身の体験から、本当に自分で確信したことは、かならず他の人びとにわかってもらえ、少なからざる感動あるいは共感を得られる、と保証することができる。ただし、その際、いちばん肝心なことは、自分ひとりで徹底的に考え抜くということである。（傍点は引用者）

創造活動は、自分のなかに深く潜ってゆき、みずからと対話し、ときには自身と戦いながら営まれる。それは、自分自身と一体化する、自分になるということでもある。「わたしとは何者か?」という問いに、言葉ではなく、ある種の感情的体験をもって答えてくれるのだ。

わが国においてもとくに昨今、教育界でも産業界でも、創造性に大きな関心が寄せられている。ところが、どうしても創造性が育ちにくい土壌であるともいわれる。それは、創造性には「孤独」や「ひとり」がつきものなのに、この国はあいかわらず「みんなといっしょ」に安心をおぼえるところがあるからではないだろうか。

一方、創造性教育に力を入れているアメリカでは、『みんなと違うことを考えて！』という言葉が、いろいろなプログラムのなかで語られる。人と異なる発想や考えをもつことが創造の第一歩というわけだ（もちろん、アメリカの教育に諸手をあげて賛成しているわけではない。その背景には、厳しい能力主義があり、そのための競争も熾烈だから）。

十年ほど前にアメリカの小学校で創造性教育クラス gifted education class を参観したことがある。学校全体の五パーセントほどが選ばれて参加するこの特別クラスは、パワーにあふれた子どもたちで一杯だった。わずか六歳で世界規模の問題にとりくんでいるクラス、想像力を駆使してユニークなお話づくりに励むクラスなど、見ていて飽きなかった。そして、どの子どもたちにも共通していたのは、自己表現に対する驚くべき積極性、自分をとことん全面に出していく押しの強さである。協調より、私。その背後にはきっと「明確な個を確立するための孤独との付き合い」の必要があるのだろう。

国民性はいろいろだが、わが国にも、「一人ひとりは違うんだ」ということを認め合うべき時が来ている。不登校やいじめなどの問題もあり、学校が機能を弱めているが、その原因のひとつに、個が尊重されにくいことがあげられるだろう。それぞれの存在が「かけがえのない私」として受け容れられていないのだ。国際化のためだけではなく、創造性の育成という点でも、「みんなと違う私」というのは大事な感性ではないだろうか。

創造的に生きるとは、たくましく生きること。いいかえれば、自分の人生をかけがえのないものとして、いとおしみ、養い、鍛え、生き抜いていくことそのものが、わたしたちにとっての創造性なのである。他人とうまくやっていくことにばかりエネルギーを使い、そのあげく自分を見失ってしまうくらいなら、「自分自身と生きていくこと」を大切にしてみてはどうだろう。——意外にもそれが「他人とほんものの関係を結ぶこと」の秘訣かもしれない。

ときには孤独な時間をもちたいものだ。

私にとって、孤独な時間なしでは、たとえただ一人の愛する人と長いこといっしょにいても、一人でいることよりなお悪いことだ。私は中心を失ってしまう。散り散りばらばらになったような気がする。(13)

いついつ　でやる

暗闇にさす光

幼い頃はただ愉しく遊んでいるだけだったかごめかごめに、いつしか陰がかかってくる。学生たちの話を聞いていると、それは小学校時代も後半になってからのようだ。みんなの自我を遊びのなかに溶けこませる時期が過ぎ、社会性が著しく育ってくる頃である。

この時期、子どもたちは、ただ無邪気ではいられず、自分の存在を意識するようになるとともに、他人との関係にも意味や価値を見いだそうとしはじめる。意識的に友だちを選び、仲間や集団に対する認識が強くなってくる。とうぜん、周りとのトラブルも増えてくる。そうなると、この遊びは、にわかに陰を帯びてくる。

ところで、かごめかごめはどちらかといえば女の子の遊びのようだが、ここに「廻りの廻りの小佛さん」という、男の子にも遊ばれていたものがある。それはかごめかごめに似た遊戯で、平安時代のものとされる。(1) まず鬼を真ん中に立たせて――

　廻りの廻りの小佛さん
　お前はなぜに背が低い
　親の日に魚《とと》くつて
　それでお前は背が低い

と歌いながら、鬼がしゃがめば周囲が立ち、鬼が立てば周囲がしゃがむ、というような動作を繰り返す。そのあとで周囲の一人が、鬼をぐるぐるまわし方向感覚を失わせ、最後に鬼は――

　線香抹香　樒の花で　をさまつた

と歌いながら周囲の子の頭を順に撫でていき、歌の切り字の「た」で頭をたたかれた者が次の鬼になる。また、これとよく似たものには柳田國男の紹介する「中の中の小坊さん」がある。(2) 記憶をたどって記録されたものなので、おそらく出身地の兵庫県あたりのものだろう――

中の中の小坊さん　なァぜに背が低い
親の逮夜《たいや》にとと食うて　それで背が低い

「廻りの廻りの小佛さん」と同様、中央の鬼に特別のシルシがつけられている。それは精進潔斎すべき親の命日に魚を食べたという行為、すなわちタブーを犯すということにまつわるシルシだ（禁忌の感受装置として民俗社会に稼働していた、という推測もある）(3)。
愛媛県のものになると、さらに歌詞に変化がみられる(4)——

（斉）中《なアか》の中《なアか》の弘法大師《こうぼうだいし》
なぜ背《せ（い）》が低い　立つなら立ってみよ
（独）お皿の中へ灸《やいと》をすえて
痛《いた》や悲しや　オゲゲのゲ

ところ変われば言葉も変わる。讃岐に近い土地柄からか、小佛が弘法大師になっているところなど、地域性がよくでている。伝承・伝播される過程で、すこしずつ姿かたちを変えながら、各地の子どもたちによって保存されてきたのだろう。さきのものもあまり教育的な歌詞とはいえないが、愛媛版はいっそうナンセンスな文句になっており、悪意とまではいわなくとも、揶揄の要素が強くなっている。腕白ざかりの男の子たちの声が聞こえてくるようだ。

また、かごめかごめを遊んだ記憶はないが「中の中の小佛」に似た遊びの経験はあるという人が、幼くして人のこころの闇を覗いた思い出とともに述懐している。それは「坊さん坊さん」とよばれ、歌詞は次のとおり——

坊さん坊さんどこいくの、私は田んぼに稲刈りに、私も一緒に連れてって、おまえが来ると邪魔になる、このかんかん坊主クソ坊主、うしろの正面、だあれだ　（傍点は鬼の台詞）

男の子だけの遊びとすぐわかるくらい、ちょっと乱暴な歌詞だ。遊びかたも、そう。基本的にはかごめかごめと同じだが、途中から様子が違ってくる。「両手で目隠ししてうずくまり、教わったとおり『お前が来ると邪魔になる』と唄うと、とたんにガキ共が輪をすぼめてこちらに群がり、ポカポカと頭を叩いたものだった。そう、『このカンカン坊主クソ坊主』と囃したてながら」となるのだそうだ。(5) かごめかごめののどかなイメージを裏切って、かなり荒っぽい遊びへの展開をみることになる（歌詞－言葉というのは、遊び－行為への大きな影響力を有しているものだとつくづく思う）。

なかには本気で叩く子どもが出てくるのも想像できる。少年には、たとえ目をつぶっていても、不思議とそれが誰だか見当がついた。少年は腹を立てながらも、屈辱に耐え、じっとうずくまりながら鬼の役をまっとうするのである。周りから見れば子どもたちの「ふざけっこ」に過ぎなくても、少年は人知れず「人と人の関係の玄妙さに、幼いながら目覚めた」と、当時を振り返っている。

なるほど、かごめかごめ系の鬼は、かくれんぼう系や鬼ごっこ系とは違って、まったく無防備で、ひとり、闇のなかに閉じ込められる。そのあわれな鬼にむかって、彼を囲む子どもたちの遊びとふざけと本気が、微妙に交錯する。遊びを装って、いや、本人たちはふつうに遊んでいるつもりでも「ポカポカ」がエスカレートしていったら……。子どもたちには初めからそんなつもりはなくても、なぜか、そうなってしまったら……。乱暴な歌詞と遊びの構造が、相乗的に子どもたちの悪意を引きだしていったら……。そのとき、鬼はまことにかわいそうな生贄となる。

そこまで深刻でなくとも、目隠しされているという状況は、普段とはずいぶん違う。わたしたちが、日頃いかに視覚に頼って生きているかが、目隠しをするとよくわかる。それだけに、聴覚やその他の感覚、ときには第六感に全身を集中させる。そんな鬼の心情を、学生たちはつぎのように語ってくれた——

・鬼になったとき、歌声は聞こえており、みんなそばにいるはずなのに、周りが何も見えなくて、どこか不安な気持ちになりました。
・私も鬼をやってみたのですが、自分が目をつむって座り、そのまわりをみんなが回るということで、耳だけしか使えないし、周りはどんな状況かも分からないのでドキドキしました。
・鬼は目隠しして座っているので、とても孤独で、淋しく感じました。また、後ろになるのはだれなのか、はずれたらどうしようと、とても不安に思っていました。
・輪の中に入り、下を向いて目をつぶり、まわりを回っている友だちの声を聞くと、何かが迫ってくるようなあやしげな恐怖感がありました。
・かごめかごめは小さいころ、近所の友だちや幼稚園でも遊んでいました。目を閉じて後ろの人を当てるのはそう簡単ではなく、小学校四年生くらいまで遊んでいました。
・かごめかごめでは目をつむっているわけですから、まわりの様子は見ることができません。声や足音をたよりに後ろの正面を当てるので、とても集中します。

鬼の心情は、その子の感受性とどうじに、仲間との信頼関係に負うところが大きい。実際わたしもやってみたが、自分のまわりを回る学生たちのザッザッザッという足音が印象的だった。研ぎ澄まされた聴覚が、普段とは違う鋭敏さを心身にもたらす。そこには、視覚を閉ざされたがゆえの不安がある。からだ全体で味わう孤独だ。

かごめかごめのばあい、さきのような「ポカポカ」はないにしても、「後ろの正面」がいつまでも当たらないようにして、なかなか鬼が交替しないようにすることはできる。わたしの記憶するかごめかごめでは、鬼の真後ろにきた子どもが動物の鳴き声などをだして、ヒントを与えていた。ところが学生の話を聞いていると、ただ黙って座っているだけというのもあって、いったいどうやって「後ろの正面」を当てていたのか不思議だ。

けれども、そんな鬼の立場に思いをやり、なかなか当たらないときの救済策として、鬼は後ろの子の体や顔を触ってもいいというルールを加えた人もいた。また、鬼の不安を体験した学生は、「このような経験によって、目の見えない人の気持を考えていくことができるのではないだろうかと思った。どうじに、仲間の必要さ、大切さも感じることができた」と暖かい感想を述べている。

遊びとはまさしく、演じることによって人間の根本的経験を心身の奥深くに蓄積させていくこと。そこにおいて身体感覚が大きな役割をはたすのは、疑いようのない事実だ。子どもたちは、目を閉じて座る鬼の哀しみをとおして、人間のもつこころの闇を身体に刻みつつ、どうじに、他者への思いやりを育んでいったのではないだろうか。

不安の淵にたたずむ

ひとりぼっちの鬼は、孤独と同様「不安」も背負い込む。そして鬼と同様、現代人もまた、さまざまな不安をかかえている。しかしその正体を知り、それとのつきあいかたを知ることで、不安もまた、わたしたちを育てる糧となってくれるかもしれない。

根なし草の不安

つげ義春の漫画に「夜が掴む」という短編がある。

主人公の男は夜が恐くてたまらない。一緒に住んでいる女が、真夏の夜、暑いからといって窓を開けていると、その度に『夜がはいってくる』と彼女を叱りつづける。女は男の言動が理解できずに、ついに家を出ていく。一人ぼっちになったその夜、男は自分のわがまま勝手を後悔し、女が「もどってくるかもしれない」と思いながら、部屋のドアを少しだけ開けておく。するとそこから、彼のもっとも恐れる夜が、じわじわと侵入してくる。逃げだすこともできない男は、ついに夜に摑まれ、叫び声をあげる。

夜に象徴される不安と恐怖がじつにうまく描かれている。おそらく、まだ二十代の頃にこれを見たとき、その不気味さがしばらく頭から離れなかった。わたしのなかの不安が呼び覚されたのだろう。作品集のあとがきに作者のことが書かれていた。(1) 彼が精神科に入院したときのことである。症状は極度の不安のようだが、この作品が彼のそんな苦しい状況から生まれたのだとすれば、怖さに迫力があったのは当然だろう。

——何故突然不安に襲われたのだろう。理由もなく不安のどん底に落ちこんでしまった。理由がわかれば回避する手だてもあろうが、理由のわからぬ不安はいっそう不安を増大させる。

……(中略)……永年漠とした不安に悩まされていたが、それが何かのきっかけで堰《せき》を切られ、激流のように溢れたようであった。

——一年数カ月に及ぶ治療によってぼんやりと見えてきたのは、自分の存在することの不確かさに病的に怯え、心のバランスを崩したということのようであった。具体的にいえば、私は私を何処かへ繫《つな》ぎ止めておくことによって私であったが、繫ぎ止めていた鎖が切れ、小舟のようにただよってしまったという感じだった。

不安は、どこからどんなふうにやってくるのかわからない。原因や対象がわからないところに、そのつらさがある。彼にはまさしく自分の存在が根っこから切れてしまったというように感じられたのであろう。つげ氏は、日本が高度経済成長をとげていく一九五〇年代にデビューし、その後、若者たちに絶大な人気を博した漫画家だ。この時期は、急激な経済発展とともに価値的秩序は揺れ動き、日本人の精神性が大きく変貌を遂げていくときでもあった。誰しも、生き方についての精神的骨格を喪失しかねない時代だった。

彼がかかえたのは、新しい時代の不安だったのかもしれない。不安とは、存在の根源的なものから、あるいは「私は、私」という現実感から疎外されている感覚で、自分を「生の実感」に繋ぐ糸が切れ、生きることの意味を見失っている状態。わたしたちが根を張っていた歴史や自然から切り離されて、「根無し草」として漂う頼りなさなのである。

「私」の発達と不安

太古、人は自然と一体になって暮らしていた。自分たちを自然から切り離された者として感じていなかったのである。しかし一方で人びとは自然を、驚異に満ちたものとしてとらえていた。人間を養い恵みをもたらす自然はよいとしても、荒れ狂う自然には、なす術もなく恐れおののいたことだろう。自分たちを自然の一部と感じていればいるだけ、その一体感から引き裂かれるのは耐えがたいはずだ。かれらの生は、たえず未知の威力に曝されており、偶然と不確実に満ちていた。かれらの不安もそこに起因していた。

そのような世界では呪術が力を発揮する。太古の人びとは、近代人のようには自然と対峙し対決して、意のままにコントロールすることはできないので、唯一、呪術が自然と人間を結ぶ役割を果たしたのである。呪術師は自然に感謝を捧げ、恵みを祈り、ときには災害をもたらさぬよう自然をなだめた。人間でありながら、人間を超えた自然と交信することができることから、敬われ、畏れられた。たとえば卑弥呼のように、呪術師がこのような能力をもって、集団の指導者としての地位についたことは容易に理解できる。

人間と自然だけでなく、原始的な共同体では、人びとのこころも一つに溶け合っていた。それぞれの自我が原始的融合の状態にあったのである。そこでは現代のわたしたちのように「私」とか「あなた」というような個人間の明確な境界は存在せず、したがって、現代人のような孤独感は経験されなかったであろう。

おそらく原始共同体では、個人が生きるというより、集団のみんなが生きるという共通感覚によって行動していたにちがいない。今日でも世界中にそのような部族が存在するが、かれらはいつも一緒に生活している。捕獲したり、収穫したり、採集した食べ物を分けあって食べる。みんなで祭りや儀礼を行い、歌い、踊り、祈る。「私」は集団から切り離せない一部であり、自分が生きることと集団が生きることは同じ意味と価値をもつ。もちろん、「個性を育てよう」などというスローガンは、さほど重要でなかっただろう。

やがて原始共同体が崩れ、中世のような「神仏の庇護のもとにある」という確信までもが薄らいでくると、いよいよ科学的・合理的な思考が闊歩する近代の幕開けだ。近代人はひたすら自我を発達させ、自然とのつながりから解き放たれた。それは、人間がみずからの自我‐意識によって一個人として立つという「自由」の獲得である。

人間が文明を進歩させてきたのも、ひとえに自我‐意識の発達による。ヒトだけがほかの動物とは異なり、本能の命ずるままに生を繰り返すことができなかったのである。意識性、いいかえれば創造性は、「ただ生きる」では満足せず、「よりよく生きる」ことを追求してきた。

けれども、なにかを得ることはなにかを捨てるということ。人間は自然の驚異と危険から解放された反面、それと一体であったときの素朴な安らぎを失うことになってしまった。近代人の不安は、ひとつには、自然や人間との融合からの分離によって生じたといえる。

ちなみに神話では、意識がまだ生まれていない原初の状態をウロボロス(蛇が自分の尾をくわえた円環)という。[2] いまだ対立するものに境界線がない「分離以前」の段階が描かれている。円が意味するのは完全性と全体性。胎児が母体のなかで「二人にして一人」という十全感のなかにいるように、人間の意識はまだ世界と一体になっている。生と死の境目もなく、あるのは循環する時間だけ。そこでは世界の創造の時がもっともすばらしいものとされ、進歩はせず、まるで円環のように、きまった生活が繰り返されている。

そのウロボロスの状態の蛇が鎌首をもたげたときが、まさに、無意識のなかから意識が生まれ出たときだ。胎内のようなウロボロス、水平な円環から、意識が垂直方向に発達しはじめ、その調整機能として自我が形成されていった。ところがその自我の発達によって、わたしたちは不安をかかえることになってしまったのである。

意識の中心である自我には、小さくまとまろうとする傾向と大きく強くなろうとする傾向があって、わたしたちはその両者に引き裂かれる。前者においては、発展はないかわりに、安定がある。後者においては、強化と拡大があるが、苦悩と不安を伴う。無意識から垂直に発達した意識の中心である自我は、たえず、みずからをのみこもうとする重力（ウロボロス的重力）に逆らいながら上昇しなければならない。かくしてわたしたちは、エネルギーの消耗からくる疲弊と、ウロボロスの状態に引き戻されようとする不安定さがつきまとうのである。

そんなことなら、いっそのこと自我なんて発達させなければよかったのに……。しかしそれは不可能なこと。時間はあと戻りしないし、歴史を塗りかえることもできない。現代人はそのことを認め、引き受けていくしかないのだ。わたしたちにとっての課題はとりあえず、自我を豊かにすることである。そしてこの世のなかで何者かとして生きていくべく勤めることである。

しかし、このような自我‐意識の発達によって新たな不安が生まれたとはいえ、おかげでわたしたちは、山や海、さまざまな動物や植物、太陽・月・星などの美しさを知ることができるようになった。自分の考えをもち、自分らしい表現をし、自分らしい生き方を創造することもできるようになった。

今日の便利で快適な生活をつくりだしたのも自我‐意識。ケイタイやパソコンはなくとも構わぬという人でも、電気・ガス・水道なしでは困るだろう。自動車や新幹線・飛行機がないと不便だという人もいるにちがいない。居間で寝そべりながら電話をかけたりラジオを聞いたりテレビを観たりする生活もすっかり身についてしまっている。真夜中のコンビニの看板も、近代的な光の象徴だ。

わたしは一九九五年の阪神淡路大震災で被災したのだが、ライフラインが寸断し、水や食糧を手に入れることもままならなかったあのつらい日々は、二度とごめんこうむりたい。毎日、何気なく使っていたエアコン、お風呂、ガスレンジがどれだけ有り難いものかを思い知らされたものだ。電話という道具が、遠方の家族や友人とのコミュニケーションにどれだけ役立っているかも再認識した。

ただし、もちろんハイテクの世界を絶ってローテクの生活を選ぶこともできる。わたしたちは自由にみずからの生きかたを選びとることができるのだから。都会から離れた生活、世界中どこでも、山のなか、海のそばでの暮らしも可能だ。そのためには、それなりの信念と覚悟が必要ではあるが……。

さて、わたしたちにとってもうひとつの不安は、おそらく「死の不安」あるいは「死からくる不安」だろう。もちろん死への恐怖や不安は、いまに始まったことではない。宗教はそれぞれに、死後の世界を説くことで人びとの信仰を集めてきた。死は、生あるものの根源的な不安であり、それを受けとめるのが宗教の大きな役割である。

死は、生あるものにかならず訪れる。しかし、むかしといまでは死へのイメージにずいぶん違いがあるのではないだろうか。

かつて人は死を、生との連続線上でとらえていた。死は現在の生活から自分を切り離しはするが、それはあくまでひとつの通過点にすぎない。なぜならそれを超えた死後の世界で再生するからである。そこには、先に亡くなった先祖や家族や友人がいる。ふたたび懐かしい人と会えるのだ。お年寄りの「もうすぐお迎えがくるから」「あの世に行ったら、おじいさんにこれこれを報告しなければ」といった言いまわしには、死を、生の延長線上にあるあたりまえのもの、当然の通過点として受け容れる姿があらわれている。

このような現世と死後の世界の物理的な連続性は、日本の神話にもみられる。古事記には、高天原（天の国）、中つ国、根の国（地下の国、黄泉の国）といった具合に上下方向に三つの世界が配置され、神々が自由に行き来できる様子が描かれている。ここで死と関係するのは、根の国。イザナギは妻イザナミの死後、生きながらにしてそこを訪れた。スサノオもまた、母のいる根の国へ行きたいと言って父を困らせた。現にいまでも、熊野には根の国への入口があり、濃密な霊気と神秘を漂わせている。

法然の「浄土宗」や親鸞の「浄土真宗」も、人のこころに浄土の思想を深く根づかせている。日本人にとって西方浄土は極楽のイメージが強い。そこは十万億土の彼方に広がる、一切の苦しみが存在しない美しい世界。わたしたちは念仏を唱えることによって浄土での再生が約束されるのである。たとえば死期の迫った僧侶たちがみずから西方の浄土へと船出する「補陀洛渡海《ふだらくとかい》」は、浄土の存在を当時の人びとに鮮烈に印象づけた。

しかし今日わたしたちの死は、このような連続観を失いつつある。医学の進歩は、人間の生を病気や死から遠ざけることに邁進してきた。かけがえのない個体としての生命を守ることに成功をおさめてきたのである。わが国の平均寿命は、いまでもすこしずつ更新しつつある。その結果、生と死のあいだにあったいくつもの曖昧な部分がそぎ落とされ、わたしたちの生は、くっきりと輪郭づけられるようになった。それは同時に、生が死から分断され、その連続性を失ってしまうことでもあった。

喧しいまでの健康指向、延命への挑戦、そして臓器移植や人工臓器への医学の関心などは、わたしたちをますます死から引き離していく。死は排除され、忌避され、隠蔽される。わたしたちはもはや、自然な死を見失いかけている。もちろん「自然な死」を一言で語ることはできないだろう。なぜならそれは、時代や文化によってさまざまに変化するから。しかし少なくとも、死後の世界のイメージが痩せ衰えてきたことだけは事実である。そのことがますますわたしたちの、死の不安をあおることになっている。

どんなに科学が進歩しても、わたしたちの身体が臓器の寄せ集めではなく、わたしたちの脳が情報の集積場でないからには、つねに、生の全体性を生きるための知恵が必要となる。だからこそ宗教は、真剣に死を思弁の対象とし、それを人びとに語らなければならない。医学は、生と死への哲学や倫理に裏づけられた技術を獲得するために、もっと熱心に議論しなければならない。教育は、強者の論理だけをふりかざさず、人間の弱さや闇をも包含する人間観をもたなければならない。家庭や共同体は、できるだけ死の現場となり、死者のための儀式をともに経験しなければならない。

モラリストのラ・ロシュフーコーは、「太陽と死とは直視できない」といった。たしかに死を話題にするときには、そんな危険がつきまとう。しかし、きちんと死を見つめることによって照らしだされる生は、新たな輝きをもつ。直接的にも間接的にも、死を豊かに体験できる社会だけが、わたしたちを恐怖や不安から解放できるのではないだろうか。

近代人の不安は、ウロボロス的自然からの分離によって生じたため、その根っこには、世界との素朴な関係から「疎外」された不安でもある。それは健康の不安、病気や死の不安、人間関係における不安、個を確立することへの不安、未来への不安など、さまざまなかたちの不安を呼び起こす。

さりとて、けっして悪いことだらけの時代ではない。また不安を背負うことは、そのような世界に投げ入れられた者の定めでもある。わたしたちはそう思いなおして、みずからを覆う不安に懸命に耐えなければならない。そのとき、自分への静かな誇りが生まれ、不安とともに生き、不安の時代を生き抜く「私」を手にすることができるのである。

不安を見つめる

どうやら現代人と不安は切り離せない関係のようだ。ならば、そこから逃げるのではなく、引き受けていくしかない。そして、不安を認識し、それとともに生きることで、わたしたちの人生がいっそう豊かになっていくような関わりかたをしたいものだ。そのためにはまず、不安の正体を知り、それについて学ぶことが大切だろう。そうしてはじめて、不安との関係のもちかた、向き合いかた、つきあいかたなどがわかってくるだろうから。

それではまず「こころの深層」に耳を傾けてみよう。

ユングという精神医学者がいる。一九六七年に臨床心理学者の河合隼雄が入門書を出版してからというもの、[3]わが国にもまたたくまに、彼の考えかたやそれに基づいた心理療法が広まった。ユングは東洋の思想にも関心をもち、独自の理論にとりいれていったので、そんなところも、わたしたちを引きつけるひとつの要素になっているのかもしれない。

ユングの心理思想体系は壮大かつ深遠だ。ここでそのすべてを紹介することはできないが、そのなかから「元型」「自己」についてとりあげてみたいと思う。[4]この概念は、わたしたちの自我とおおいに関連がある。

人間は「本能」だけでは生活しないが、まったく本能を失ってしまったわけでもない。たとえば、わたしたちはお腹が空けば食事をしようとするし、のどが渇けば水分を摂ろうとするし、夜になれば多くの人は眠る。これらは肉体的な本能による行動だ。

また「精神」にも普遍的な傾向がある。人間は時期がくれば親（あるいはそれに代わる保護者）から離れ、パートナー（異性か同性かを問わず）を見つけ、家庭（シングルとしてでも）をもちたくなる。また、小さな子どもや高齢者や障害者には手を貸してあげたくなるし、犯罪に接すれば怒りがこみあげるだろう。このようにわたしたちには、生まれつきそなわった、人間としての基本的で自然な反応や行動がある。それらを起こさせるための能力や準備、可能性が「元型」なのである。精神の本能とよんでもいいだろう。

元型にはさまざまなものが考えられているが、なかでももっとも重要なのが「自己」だ。自己は、わたしたちの複雑な精神活動にまとまりをつけ、それが成長・発展するよう導いてくれる。それは植物が、環境や状況に多少の困難さがあっても太陽にむかって伸びていく、といったイメージ。人間に置き換えれば、精神の向日性とでもいおうか。

もしかするとそれは神仏のようなものでは、と思う人もいるかもしれない。信仰をもっている人びとにとっては、そのように感じられるものである。あるいは、大自然の摂理のように受けとめる人もいるだろう。いずれにせよ、わたしたちの自我を超えたところで精神に変化と成熟をもたらすものが、自己というわけである。

もちろん、意識の中心としての自我は、わたしたち人間にとってとても大切である。自我がなければ、わたしが「私」でなくなってしまう。けれども自我は、不安定で、偏りやすく、疲れやすく、弱い。自我に巻き込まれすぎると、自分や周囲のあらゆるものに不満が絶えなかったり、「あまりに厳格主義、完全主義になったり、不必要なほど殉教的になったり、盲目的野心に駆られたり、……（中略）……他人にとって尽きない源泉のふりをしたり」するようになる。(5) あまりにもひどい状況になると、ダウンして神経症などを引き起こしたり、自分が神に成り替わったりしてしまう。「自我」は意識の中心として精一杯がんばっているとはいえ、その人の人生だけの歴史しかもたない。

それに比べて「自己」は、人類の歴史の始まりとともにあり、その知恵や力は自我をはるかに凌ぐ。

そこでわたしたちはしばしば、自我だけにたのむのをやめて、もっと大いなるものにわが身をゆだねることが必要となる。あるいは、内なる自然の声を聞くことが肝要になる。疲れたり、不安に襲われたり、いらいらしたり、いきづまったりしたら、すこし休むことも必要だ。海や山、郊外へ出掛けて、自然にすっぽり包まれてみるのもいい。神仏に祈ったり、静かに瞑想の時間をもつこともいい。あるいは、楽しくのびやかに呼吸していた頃の思い出をひもといてみるのもいいだろう。故郷や魂のふるさとに帰ることも大切だ。

そのような時間のなかで、バランスを失い疲弊した「私」は休息をとることができる。慰められ、許され、気づかされ、励まされる。そして、「私」なんてちっぽけなものだと悟り、もっと大いなるものにわが身をまかせることの大切さに目覚めるのである。

つぎに、森田療法というものをとりあげよう。

日本の精神医学の草創期に独自の神経症の精神療法を創始した、森《もり》田《た》正馬《まさたけ》という人がいる。わたしも学生時代からその存在を知っていたが、近年、この独特な療法が見直されてきている。彼の理論や実践についての本もたくさん出版されるようになった。

このことはひょっとすると、今日のわが国に、神経症をわずらう人やその可能性のある人が増加していることを映しているのかもしれない。人口の一〇パーセントに見られるという神経症は、じつは正常な心理の延長線上にあるらしい。その素質がある人なら、神経症の症状について、いくつか思いあたるところがあるだろう。

この神経症の根本にあるのが、不安なのである。ひところ話題をよんだ本にちなんで[6]、「不安の時代」ということができるだろう。

さきにみたように、不安の根底には「死の恐怖」がある。それが不安として、ときにはもっと強烈な恐怖として、人びとを襲う。ではなぜわたしたちが死の恐怖をもつかというと、死にたくない、生きたいという思いがあるからだろう。だから、不安が強い人というのは、生の欲望が強い人でもある。つまり、自分の人生において向上・発展しようとする欲求が強いのだ。誰にでも経験のあることだろうが、仕事や受験を成功させようと強く意識すればするほど、不安は強くなる。そのため夜、眠れなくなったり、やたら動悸がするなどの症状があらわれてくる。それが、神経症のメカニズムなのである。

そこで森田療法では、不安をなんとかして自分の意志や力で取り除こうとすると、それにばかり気をとられて、ますます悪循環に陥ってしまうので、むしろ不安や症状をそのままにしておくという考えかたをとる。不安や恐怖、そこから生じるさまざまな症状に対して、はからわず、「あるがまま」に受けとめて、生の欲望を建設的に外に向かって発揮していくのだ。ある意味でそれは、不安との共存である。

森田療法では、入院治療のはじめにまず「絶対臥褥《ぜったいがじょく》」という、不安と向き合う時期がある。一週間ほど、食事・用便・洗面のほかは、ただ寝ているだけ。テレビもラジカセも本も、いっさいの慰安はない。ただひたすら横になって、さまざまな思いや欲望、苦悩を、あるがままにしておく。神経症の人にはこれがつらい。かれらは生の欲望が強いので、なにもしないというのはたいへん辛抱がいることなのだ。押し寄せてくる不安をごまかすこともできず、じっと耐えるだけなのだから。

その苦しい時期が終わると、つぎに待っているのは共同生活だ。軽度の作業から徐々に行い、社会生活へ復帰するための準備を進めるのである。作業の段階では、不安や症状をあるがままにしておきながら仕事をするということによって、生の欲望を充足させる。つまり、負のエネルギーを正のエネルギーに換えていくわけだ。もちろんこの時期でも、さまざまな症状や気分がまったく姿を消すわけではない。規則正しい生活をしたり作業を続けたりすることが困難になったりもするが、それらの症状、苦しみとともに生活をするのである。このように森田療法では、目的本位の行動とその実践を重視する。「どうにもならないこころ」はそのままにしておいて、どうにでもなる行動を健康人らしくするよう努めるのである。

ある森田療法の実践家はつぎのように述べている(7)——

健康な生活習慣のない人に、薬だけ与えても病気は治らない。ある種の薬は必要な場合があるかもしれないが、それより大事なのは、本人、家族、地域社会、そういったものが協力し合いながら健康な生活が送れるように努力するということだ。

自分の苦しみだけにこころを奪われて身動きできなくなっている神経症の人が、こころを込めて作業をし、社会の役に立つことを考えながら行動することができるようになることが、社会復帰のための準備なのである。

このように、森田療法においては「仕事」が重要な意味をもっている。この創見は森田正馬の人間観から生まれたものだろう。精神は、現実とのかかわりのなかで生まれ、さまざまな状況や現実との関係のもちかたでそのありようが変化してしていく。その精神を規定する現実を仕事と考えたのである。

過酷な労働はわたしたちの精神を疲弊させる。疲れたら休まなくてはならない。しかし、なにかしら悶々としているときに、むしろ仕事をすることによって、そこから抜け出られたという経験はないだろうか。不安にとらわれているときには、現実との接点を失うことが、ますます状況を悪化させてしまうということもあるのだ。

わたしはかつて「夕暮れ不安症」とでもいうような症状の持ち主だった。なぜか、夕暮れが迫ると不安になってくるのである。

十年ほど前、一年間のアメリカ生活をスタートさせた頃、環境の変化からくる不安はとても強くなっていた。出会って間もないアメリカ人の友だちにそのことを話すと、彼女は、『キョウコ、不安から逃げてはいけないよ。逃げるとますます追いかけてくる。不安に向かって「さあ、来い!」と言ってやりなさい』と励ましてくれた。幼児レベルの英語でしか聞き話せなかったせいか、精神までぐっと素直になっていた(いまでも変わらないが)わたしは、「そうだ!」と単純に納得してしまった。

それからというもの、わたしが励行したことといえば、夕暮れになると、部屋に閉じこもらずあえて外へ出ていくこと。ウォーキングやジョギングを始めたのである。それは、不安をあるがままにして、健康維持とストレス解消という目的のために行動することだった。さいわい閑静な住宅街の近くに住んでいたので、まるで森のような樹々のなかを、鳥の声を楽しみ、リスやキツネとすれ違い、小川のせせらぎを聞きながら、毎日エクササイズをした。おかげで日本へ帰る頃には、わたしの「夕暮れ不安症」は姿を消していた。いまでも思い出すだけでこころが落ち着く経験である。

もしかするとそのときのわたしは、自分の不安をあるがままに生きられていたのかもしれない。

不安を超えて

現代人の不安や憂うつを引き起こすひとつの原因として、神話学者や心理学者のなかには、現代社会から神話が消えたことをあげる人もいる。神話は、おとぎ話や伝承遊びと同じように、人間の精神の根本にかかわることを伝える役割をはたしている。わたしは伝承遊びを研究しているが、この本でとりあげているかごめかごめをはじめ、かくれんぼうなどの遊びは、知れば知るほど、それらが内包するメッセージの豊かさに驚かされる。おとぎ話や神話も同様だ。わたしたちは、遊んだり聞いたりしながら、遊びやお話にこめられたメッセージ、人間について、生きることについての知恵を、からだ一杯に受けとる。遊びやおとぎ話、そして神話は、わたしたちの祖先が残してくれた膨大な知恵の貯蔵庫であり、精神の道しるべなのである。

世界中の国や民族がさまざまな神話をもっている。日本の神話は知らないけれど聖書の話やギリシャ神話は知っている、という人も多いだろう。

現代人は、本屋さんに並ぶ神話を自分とは無関係に物語のように読むかもしれないが、神話研究者によれば、かつて神話は人びとによって「生きられた」。たとえば原始的な社会には、現代とは異なる成人式があった。そのイニシエーションでは、部族にまつわる創造神話や英雄神話が語られた。通過儀礼という非日常的な神秘的な体験のなかで、その部族の歴史と祖先の魂を受け継ぐのである。自分たちの始まりの時がどんなものであり、祖先がどのようにして世界を築きあげたかを知ることは、みずからのルーツ探しにつながる。また、英雄たちがいかにして危機を乗り越えながら勇敢に誇り高く生きたかを学ぶことは、若者が人生のモデルを得ることにつながる。神話とは、子どもが大人へと立場を変更する際に、それを補助し、社会的成熟をサポートする仕掛なのだった。

世界の誕生を語る創造神話には、わたしたち人間の存在の根本にかかわることが語られている。人の誕生にまつわる記憶と神話に語られていることが一致しているという証言もあった。多くの者は、自分が胎児であった頃や誕生の瞬間を覚えていないが、神話を読むと、それが単なる「神話にすぎない」絵空事ではなく、自分の存在の根底にあることが語られているという感じがするのではないだろうか。それは、言葉でありながら、言葉を超えたものとして、わたしたちのこころの奥深くにしみこんでくる。科学的な説明よりもずっと、わたしたちの精神に光をあててくれる。まるで音楽や詩のようでもある。

人間が実存的にかかえる不安を多くの創造神話がみごとに説明してくれるのは、「神話は根拠を説明する」からである。そこでわたしたちは神話に触れることによって、自分自身に立ち返り、その性質と存在についてのイメージを得ることができるのである。人びとの魂がさまよえる今日、神話に耳を傾けることの意味がここにある。

古典ばかりではない。わたしたちは新しい神話をもちつつある。そのモチーフやメッセージはかつての神話と同様、世界や人間についての普遍的なものでなければならない。たとえば映画では「スター・ウォーズ」がある。神話学者のジョゼフ・キャンベルも、スター・ウォーズを現代の神話と認める一人だが、彼は、この映画はゲーテの『ファウスト』と同様の問題を投げかけているという。つまり、生きることの目標は、機械ではなく、あくまでも人間が探し求めるべきであるというメッセージ(8)。

わたしの好みでいえば「風の谷のナウシカ」。主人公の活躍にわたしたちの魂は揺さぶられ、勇気が与えられ、生のまっただなかに誘われ、生きることの意味を体験する。日常の煩事や悩みをとりあえず棚上げして、ヒーローとともに宇宙や天空・大地を駆け巡る。そして、自分自身や世界が、なにか大きな調和のなかにあることを体験する。

ただし現代の神話を鑑賞するにあたってキャンベルはひとつのアドバイスをしている。それは、自宅のテレビで観るより、映画館という「特別の神殿」で観るほうがいい、ということ。いくら神話であっても、それをテレビで観ることは、いわば日常の世界での行為だ。どれほど映像に集中していても、テレビの周囲にはありとあらゆる日常が散乱している。かつて神話は「特別な場所」でしか語られなかった。そこは、さまざまな儀式がとりおこなわれる神聖な場所である。人びとが日常の一切から引き離された場所で神話を聴くとき、それはひとつの儀式となる。そして神話は、人びとの精神の奥深くに直接にはたらきかける力を発する。

神話は現実ごとではない。しかし神話の主人公の行為やメッセージは真実である。となれば、それらを全身全霊で受けとめるには、とうぜん「特別の神殿」のほうがよいだろう。精神が非日常の体験をするには、それにふさわしい非日常的な場所が必要となるのである。

さてつぎは、おとぎ話に移ろう。おとぎ話は、子どもはいうにおよばず、大人が読んでも聞いてもおもしろい。テレビで「まんが日本昔話」を楽しんでいる人もけっこういるだろう。かくいうわたしも、大人になってあらためて『グリム童話』を読んだときにとても新鮮な感じがし、それ以来、おとぎ話を見直すようになった一人である。

おとぎ話には、じつにさまざまな生きかたや感情が語られている。孤独に耐えて、頑張って幸せになるお話。知恵をはたらかせてチャンスを生かすお話。人間の社会的成熟を支えたのが神話であったならば、内的成熟を支えてきたのがおとぎ話なのかもしれない。

ひとつ愉快なおとぎ話をご紹介しよう。なにもしないのにラッキーな人生をつかむ「がたがたの竹馬こぞう」というグリムのお話(9)――

――昔むかし、あるところに貧しい粉ひきがいました。粉ひきは美しい娘をもっていました。あるとき、粉ひきは王様に、「わたしの娘は藁を紡いで金にすることができる」と、つい、見栄をはってしまいました。それなら試してみようということで、娘はお城に連れてこられました。明日の朝までにたくさんの藁を紡いで金にするように命じられました。

――あわれな娘は、途方にくれてしくしく泣いていました。すると、小さな男の子が入ってきて、その仕事を引き受けてくれるというのです。一日目は首飾り、次の日は指輪と引き換えに。けれども、三日目の条件はちょっと大変。娘が王様と結婚して生まれた子どもをくれること、というものでした。娘は、もうどうにでもなれ、という感じで約束をしてしまいました。そして、娘はお妃になり、子どもが生まれました。

――くだんの約束などすっかり忘れていたお妃のもとに、小さな男の子はやってきました。けれども、お妃は「それだけは、どうしてもできない」と言って、おいおい泣きました。情にほだされて、小さな男の子はふたたび条件をだしました。それは、「三日の間においらの名前を当てること」でした。

――お妃は使いの者に国中の名前という名前を集めさせました。一日目も二日目も当たりません。ところが、三日目は、使いの者のひょんな話から、お妃にはピンとひらめくものがありました。その名前は大当たり！　それは、「がたがたのたけうまこぞう」だったとさ。

「がんばらなくっちゃ！」「どうにかしなくっちゃ！」と自分を追いつめ、思いつめるとき、わたしたちは不安にとらわれる。そんなときはこの娘のように、泣いてみるのもいい。自分の不安や弱さに正直になれたとき、そして、その気持を素直に表現できたときに、なにかが起こるのかもしれない。……「ときにはなんにもしないことも、人生には必要だよ」と、このお話は教えてくれる。

ここにあげたお話以外にも、おとぎ話のなかには、不安がいっぱい顔をのぞかせている。わたしたちがそれらに出会うとき、自分のもっている不安がけっして特別のものではないことに気づかされる。おとぎ話は人間のあらゆる感情に普遍性を与えてくれるが、不安においても然り。そして不安をもつことは、「わたしがダメだから」「わたしが弱いから」ではないと教えてくれる。むしろそれは、人間が生きるうえで自然なことというわけだ。不安を恐れる必要など、まったくないのである。

おとぎ話の登場人物たちは、不安をいだきながらも、くよくよ悩みはしない。不安に起因する葛藤をかかえることがあっても、そのなかに沈みこんではいかない。不安を感じても、そのことで自分を否定しはしない。そしてとりあえず、先へ進もうとする。自我によってなんとか克服しようとか、乗り越えようという努力ではなく、とりあえず先へ進んでいく。するとやがて不思議な力がはたらいて、なにもかもうまくいく。

わたしたちは自我‐意識を発達させたことによって、みずからの自然な感情から疎外されるという悲劇をしばしば経験する。そして、「内なる自然」を警戒し、排除しようとし、ときには撃退を試みる。しかしそうした結果、ますますそれにとらわれ、泥沼に足を踏み入れてしまうということが多い。そんなわたしたちだが、現代を生きてゆくには、おとぎ話の主人公のように、困ったときときは困ったままに生きることも必要ではないだろうか。それは「私」をこちこちにこわばらせず、しなやかな成熟のしかたを身につけていくことでもあろう。

最後に、遊びをとりあげよう。遊びはわたしたちを祖先の魂と結びつけてくれる。人間の自我を超えたところでわたしたちを遊ばせながら、精神の核をつくってくれる。そうして遊びもまた、人間の内的成熟に貢献する。

大学のあるクラスで、「伝承遊びをしてレポートを書く」という課題を出したことがある。約百五十名のうちほとんどの学生が、こんなに楽しいとは思わなかった、という感想を寄せてくれた。そのときの写真も貼付してもらったが、子どもはもとより、遊んでいる学生たちや家族、友人、親戚の人たちの顔・顔……それらがなんと楽しそうに輝いていることか。「課題だからしょうがない」と遊びはじめたかれらがしだいに本気になっていく様子が手にとるように感じられた。なかに、つぎのような感想を見つけた。

・鬼ごっこを遊んでいるときの頭の中は、今のこの時でいっぱいになりました。ほかには何も考えるものはなく、余計なものは目に入りませんでした。私たちは、終始笑顔で遊びに夢中になっていました。大人になってからは、何かを考えたり悩んだりすることが当たり前になっていて、それが「生きること」でした。けれども、何も考えず解放され、今を十分にこころと身体で感じることこそが「生きている」という証なのではないかと思いました。久しぶりに生き生きとしている自分が感じられました。

・遊びをしてみて、時間がたつのがとても早かったです。人数も多かったので、「通りゃんせ」、「花一匁」、「だるまさんがころんだ」、「かくれんぼ」の四つをしました。大学の友達同士だったのですが、それぞれの遊び方が少しずつ違っていることがありました。地域により伝承の仕方が違っているのだと実感させられました。各人が「私らは、こんな遊び方だった!」と強く主張するのが、それぞれの子ども時代を誇りにしているようでした。はじめは恥ずかしさもあり、レポートのためにという思いで遊びはじめましたが、やりだすとおもしろかったです。寒い冬の日でしたが、遊んだ後、身体がポカポカしました。

わたしたちは、遊ぶことによってこころの偏りにバランスをとりもどし、自然で生き生きとしたこころと身体の全体性をとりもどすことができる。わたしたちのこころを揺らす不安も、からだの動きや、笑い、仲間との連帯感のなかに包み込まれていく。子どものように夢中になることで、わたしたちは子どもに返り、生気をなくしていた自分の内なる子どもが元気になってゆく。遊びは、わたしたちを「大いなるもの」の手にゆだねさせ、「私」をさまざまな呪縛から解き放つのである。

子ども時代にこそ、遊ぶことは大切なのだが、しかし、大人にも遊びは必要である。かつてはさまざまな祭りが身近にあり、それが大人たちの遊び場だったのだが……。いまこそわたしたち大人は、祭りがあればなにをおいても参加し、子どもと遊ぶ機会があればぜひ一緒に遊びたいものだ。そこには、歴史につながり、祖先の魂と交信し、仲間と一つになることによって得られる安らぎがある。ちっぽけな「私」のかかえる不安は、おそらくそのなかで慰撫されるだろう。

夜明けの晩に

摩訶不思議の女神

・今では鬼になりたくないと思いましたが、子どもの頃はみんなが鬼の取りあいでした。
・自分が鬼になった時、主役になったみたいでうれしかったです。
・鬼は淋しいけれど、同時に、みんなに見つめられて注目の的でもあります。

分のわるい役柄のわりに、鬼は人気があったという。

・かごめかごめの円の中央に座り目を閉じていた友だちが、「なんだか不思議な感じがする」と言いました。私もどんなものかと、懐かしい気持ちで座ってみましたが、ほんとうに不思議な感じでした。まわりのみんなの歌声がどこか遠くの方から聞こえてくるようで、自分自身が孤立してしまっているように感じました。でも、怖いというより、またそれが快感でした。

鬼が登場する遊びは他にもある。鬼ごっこ、かくれんぼ、だるまさんがころんだ、缶けり……。けれども、鬼を終止、真ん中に配するものはあまりない。しかもかごめかごめは、全体の動きが少なく、中心の鬼にいたっては、じっと座っているだけだ。鬼の置かれているこの状況は特徴として際立っている。学生たちの感想にもそれがよくあらわれているのではないだろうか。

九重の渦巻き

そんなことを考えていると偶然ひとつの神話に出会った。インドネシアに伝わる（メラネシア、ポリネシアを経てアメリカ大陸にまで渡っているそうだ）もので、主人公の名にちなんで「ハイヌヴェレ型の作物起源神話」とよばれている。その前半を要約すると[1][2]――

人々が九重の渦巻きをつくりながら九日間躍り続けるマロという大舞踏会があった。円の中央にはココヤシから生まれたというハイヌヴェレが立ち、自分の身体から無尽蔵に排泄される宝物をみんなに与え続けた。人々はしだいにそれが不気味になり、最後の晩、穴に突き落として殺し、その上を土で踏み固めた。ハイヌヴェレの父は、死体を掘り出し、それをばらばらに切り刻んで広場の周囲に埋めた。すると、それらは、幾種類もの芋になり、人々の主食となった。

なんて残酷なお話だろう。一生懸命に宝物を与えつづける少女を、よってたかって殺してしまうなんて……。またどうじに不思議なお話でもある。死体から、豊かな植物が生まれるとは……。わたしはずっと、かごめかごめのかもす雰囲気に「ただならぬ気配」を感じてきた。たしかに、あてもの遊び説も、辻占い説も、納得はできる。でもどこか満足できない。それよりもっと深いルーツがあるのかもしれないという予感があったのだ。そしてこの神話と出会って、ようやく腑に落ちた気がした。

この神話で注目すべきは、中心に立つ特別な少女と、それを取り囲む渦巻き状の踊り手。これはもう、かごめかごめとそっくりの構造だ。かごめかごめの鬼もみんなに囲まれて逃げ出せないが、ハイヌヴェレを囲むのはなんと九重の渦巻きである。もはや彼女は幽閉の身（渦巻きや螺旋が蒼古の宗教的儀礼などにみられる際には、死や冥府を暗示しているといわれる）、人身御供や生贄のようにさえ思われてくる。

もうすこし近寄ってみよう。彼女には三つのシルシがある。一つめはその出自、ココヤシの花の液と父アメタの傷の血から生じ、樹上で九日間で完全な姿になった。二つめに、排泄物としてさまざまな宝物を排出するということ。三つめには、その宝物を人びとに惜しげもなく与えるということ。ハイヌヴェレは超自然的な力をもった存在なのだ。

特別な存在は、畏れられるとどうじに、とかく、人びとの反感をかうものである。自分より優れた能力や地位、名誉などをもつ人への嫉みは、わたしたちの誰もが身に覚えがあるだろう。(3)そして、そんな屈折した思いは「あいつを抹殺したい」という願望として人びとのこころの闇に伝染していく。そしてハイヌヴェレの殺害は実行された。

しかし彼女は並の少女ではなかった。殺され、ばらばらにされてなお、人びとを養う食物をみずからの身体から生み出していったのである。その恐ろしいまでの豊穣、生命力。迫力満点の母なる大地のイメージだ。その出生からして神秘的な存在であったハイヌヴェレは、ここに「女神」としての完成をみる。

目を覆いたくなるような残酷物語が、豊かな食物起源を伝える神話へと飛躍した。このように神話ではしばしば、現代人の善悪観を寄せつけないストーリーが展開される。それは揺るぎない真実として語られ、一切、口をはさませない。わたしたちはただ、ひとりの少女がもたらした恵みを享けとるだけである。

豊穣の円陣

類似した神話は、古栽培民に多くみられる。オオゲツヒメやウケモチなどの記紀神話もそう。ふたりとも、もてなしの食物を自分の身体（鼻、口、尻）から排泄物や分泌物のように出し、それが汚くて穢れているということで怒りをかって、殺される。ところがその死体からは、蚕や穀物（稲、麦、粟、稗、豆）などが生じる。存命中も死後も食物や牛馬を生みだす女神たちは、その特異性のゆえに忌避されながらも、豊饒の神・大地母神として祀られた（昔話によく登場する山姥も、恐ろしい人食い妖怪という側面とどうじに、記紀神話の女神と共通の性質をもっている）。

わが国の神話の起源は縄文時代に遡るらしく、その根拠として、縄文中期の祭祀の場所「敷石住居」と大量の土偶の発見があげられている（土偶が豊穣のシンボルとして信仰された証左は世界中に散見する）。(4) この土偶は、縄文前期のものとはちがって、破壊されることを前提に作られており、(5) その破片は各住居に大切に持ち帰られている。殺され（破壊され）ばらばらにされ（破片にされ）てなお食物を生み出すハイヌヴェレ土偶だ（縄文の女神信仰は、女性が子どもを出産することの畏れや神秘とも関連性があったとも思われる。土偶はもともと妊娠した女性を表現したもので、あらゆる豊饒性のシンボル、聖なる像だった）。

古代社会には、人間や動植物すべての生命の神秘にあずかる厳粛な儀礼があった。大地から食物が成育し、人間がそれを食べる。子どもが生まれ、育つ。そして死に、大地へ帰る。現代では当たり前のことが、有史以前の人びとには神秘的で畏れ多いものだった。ここに、現代人が忘れかけた真理がうかがわれる。それは、生きとし生けるものは、他のいのちの犠牲のうえに成り立っているという生命観である。

ところで、儀礼の際に円陣を組むことは、囲まれた場所を他から聖別し、結界することを意味する。人びとのこころは真ん中に集められる。そこにいるのはハイヌヴェレであり、大地母神である。豊穣なる太母であり、死と再生の神である。——円と中心点、与えられる者と与えるものは、このとき神秘的結合へと帰す。

真ん中の巫女

こうして神話を眺めるとますます、かごめかごめを支配する一種独特の雰囲気に、単なる遊びを超えた不思議な力が感じられてくる。それは、構図と演出が本質的にハイヌヴェレと似ているからだろう。中心に聖なるものを配して組まれる円陣は、神聖な儀式の原形なのだ。

かごめかごめにおいて、その中心とは、まさしく鬼である。

円陣の真ん中に目を閉じて座る子どもは、孤独だが、どうじに、みんなに眼差される存在でもある。後ろの正面を当てる瞬間にいたっては、まさに注目の的だ。その様子は、はるか昔の女神や吉凶を占う巫女の姿にも重なる。かれらは普通の人にはない能力を有しており、ときに畏れられ、ときに忌避される。こうしたゆえんで子どもは、鬼になりたいような、なりたくないような、複雑な気持に引き裂かれるのだろう。子どもたちは幼くして「特別」の意味を肌で感じとっているにちがいない。

かごめかごめは神話について大声で語ることはしない。しかし耳を澄ませば、太古の響きが伝わってくる。この遊びから、わたしたちはさまざまなことを想像し、みずからの生について考えをめぐらせることができる。——めぐることの不思議、中心の神秘、人間のかかえる闇、遼遠の過去の聖なる儀礼、そして、人が生きることの尊さと残酷さ……。

太古から現代を経て未来へと、永遠に回りつづけるかごめかごめの輪は、無言のうちに多くのことを語りかけてくる。わたしたち一人ひとりが子ども時代、その小さなからだに刻んだメッセージを、いま一度、受けとめなおしてみたい。——次代をになう子どもたちに伝えるためにも。

非合理をうけいれる

いまや科学やテクノロジーが発達し、合理的な思考がわたしたちをとりまいている。幼い頃から宇宙船で月へ行きたかったという人の夢を叶えようとする時代だ。

現代人と占い

そんな時代に「夜明けの晩」なんて非合理な……。と思いきや、とんでもない。宇宙船で月、どころか電車でせいぜい三十分の神戸や大阪にさえあまり出向くことのないわたしだが、たまにえっちらおっちら出かけると、行く先々のビルのなか、占いコーナーが多いことに驚かされる。昼なお暗きブースには、いかにも神秘的で、あやしげな、闇の魅力が漂っている。

新宿の母とよばれる有名な占い師がいるとも聞く。四十年も同じ場所でたくさんの人生を見つめ、運命を語ってきたという。昔から都会の街では、夜のとばりにほの暗く「占」の明かりが灯り、術師たちが八卦や手相、人相を標して静かに待っていた。そして、ささやかな幸せを願う人びとがひっそりと集まってきた。

ひるがえって昨今の占いコーナーは、大きなビルに広いスペースで構え、ありとあらゆる種類の占いが商品のように並んでおり、さながら占術のデパート。古典的なものに加えて、星占い、タロット占い、水晶占い、ハイテクを駆使したコンピューター占いも珍しくない。客も、若い人が多そうだ。あっけらかんとみずからの運命を占ってもらう若者たちは、どんな気持で訪れるのだろうか。なかには思いつめて将来や人生、恋愛について指南をあおぐ人たちもいることだろうが……。

いつぞやの正月、テレビ番組で占い師対抗「占い合戦」をやっていた。そこには、伝統的な占いはもちろんのこと、豆腐占い、たわし占いといった訳のわからないものまで登場していて、どこまでこの人たちはまじめに占いをしているのかと、呆気にとられて眺めたものである。都会の片隅、ほのかな灯のもとで、たがいに顔を寄せ合うようにして営まれていた占いが、いまやタレントまがいの人びとに携えられて明るいテレビ画面に出現するのである。

この現代の占いブームを、いったいどのように受けとめればよいのだろう。

比較的マジメな（巻末に「あなたの運勢」欄がないぐらいマジメな）雑誌が、あるとき占いを特集した。(1) そこにはいかにもマジメに占いがとりあげられていた。著名人による「なぜ、占いを信じるのか」コーナーがあり、「占いと私の人生」コーナーもあった。医学の世界にも占いを生かしているという超現代的な医者の見解も紹介されていた。さらに、多種多様な占いの学校や講座の情報も掲載されていた。とりあげられている占いの種類だけでも、手相、占星術、風水、易学、気学、四柱推命、霊能者による占い、鬼谷算命術、命数占い、サイコロ占い……と、たいそうな種類である。ひとつひとつ読んでいると、それぞれに歴史的背景や思想、理屈があり、その奥の深さにはおそれいった。

これらの蘊蓄には所以がある。現代人はともかくとして、蒼古の人びとにとって占いは、生きていくうえで必要欠くべからざるものだったのだ。かれらにしてみれば、自然は畏怖の対象であり、その恵みと驚異のなか、肩を寄せ合いながら暮らしていた。そして占いこそが、自分や集団が生きていくうえでの道しるべだったのである。呪術師は最古の職業といわれ、生来の才能に加えて厳しい修業を積み、その結果、特別な力を獲得した人である。占い師は自然と対話をする能力をもち、自然と人間の関係に仲立ちし、とりなし、秩序を回復し、豊凶や未来を予言した。あるいは、共同体や個人にふりかかった災いや不幸の原因を探り、それを解決した。つまり、悪を祓うことができた。

ところが現代はまったく事情が異なる。天候は天気予報が教えてくれるし、病気は医者が治してくれる。もめごとには弁護士が、日常の困った出来事にはさまざまな相談機関が対応してくれる。そして、科学的な知識の習得のためには、ありとあらゆる教育機関の利用が可能だ。それどころか、テレビやコンピュータなどの電子メディアは、世界中の最新の情報を、時々刻々とわたしたちに提供してくれている。

非科学的な占いなど、わたしたちの生活のどこにも入る余地がないように思われる。ところがそれなのに、占いの人気は落ちるどころか、むしろ生活に定着しつつあるほどである。都会の巨大ビルの占いスペースはまさにそのシンボルだ。テレビやインターネットに流れる「今日の運勢」は、すでに占いが生活の欠くべからざる情報になっていることを物語っている。

このような社会現象の背景には、現代人のこころを薄く濃く覆う「不安」の存在を感じずにはいられない。

その不安の中身とは、いかなるものだろう。アイデンティティについての悩み。孤独感や憂うつ感、挫折感、焦燥感、罪悪感。はたまた人生の虚しさ、病気の心配、将来への希望のなさ、こころを満たしてくれるものへの飢え……。

若者たちは、ガッコウやバイト、アソビで忙しいけれど、どこか「つまらない」。生活は豊かで便利なのに「みたされない」。なんだかわからないけれど「あせってしまう」。

「うざったい」気分のなか、しばしば「いらつき」、そして「むかつく」。

ひょっとすると、こうした老若男女のさまざまな不安に、てっとりばやく答えてくれるのが占いなのかもしれない。親身になって不安や悩みに耳を傾けてくれるのが、占い師なのかもしれない。

現代の占い師たちは、よき相談相手であり、カウンセラーであり、ときには親代わりである。かれらはこころの闇を軽蔑しない。うわべだけの説教をたれない。そうして不安をかかえる人びとに安心を与え、励ましやアドバイスをくれるのだろう。

文明が進歩し、人間の意識も発達し、いろいろなことがわかるようになったからといって、わたしたちは平穏で幸せな日々を送ることができるというわけではない。むしろ「不安」こそが現代人のシルシなのかもしれない。テクノロジーの最先端であるコンピューターで占うなどといったことは、まさに、現代人の矛盾を象徴しているかのようである。

新宿の母は、人間の変わらない真実を語っている――

生活は良くなり、悩みは贅沢になり、人はドライになった、確かに。それでも、やはり、人というのは迷い、苦しむのだ。

人びとの悩みは、たかだかこの数十年を振り返っても、大きく変化した。生きるか死ぬかの戦後に比べれば、現代は物質的には豊かになった。けれど、現代人の悩みがその頃より軽いとはいいきれない。いつの時代にも、その時代の過酷さがある。そして、そこから生まれるこころの闇を、わたしたちはどのようにしても無くすことはできないのだ。若者たちがどんなに明るさや軽さをつくろっても、こころの底には不安という闇が横たわっている。占いは、そんな人びとのこころのなかに入り込んでいったのかもしれない。

古くわが国の占いは、中央集権国家の成立に伴い二極分化していったという。[2] 一方は、陰陽道や密教のように官僚制度へ組み込まれ、呪術師は国家に仕える者として、社会の表舞台で活躍した。平安時代の阿倍晴明《あべのせいめい》[3]などはその代表だろう。もう一方は、修験道の開祖とされる役小角《えんのおづぬ》[4]のような呪術師であり、権力にまつろわぬ者として、社会の裏側で生きた。こうして光と闇に分かれていったのである。それなのに、闇へと追いやられた占いが歴史のなかで葬り去られなかったのは、闇のもつ圧倒的な魅力によるのかもしれない。表に立とうが、裏をしきろうが、こころの闇をなだめるはたらきにはかわりないのだから。

そして今日ふたたび阿部晴明や役小角が、わたしたちのこころをとらえる存在として蘇った。合理性で塗り固められた現代とはいえ、それだけでは説明のつかないことも、納得できないことも、癒されないこともある。かれらはいまや、あちこちに引っ張り出され、人びとの闇をなだめるのにおお忙しだ。人間のこころの闇を忌避せず、怖れず、肚をすえて受けとめてくれる存在は、いつの時代にも必要なのだろう。

追放される鬼

占いのほかにも、合理主義では解決できないこころの領域を支えるものがある。それはいわゆる「神頼み」というもの。神社や寺院には、交通安全、無病息災、学業成就、厄よけ、縁結び……と、人びとのさまざまな願いが託される。信心ある人はもちろんのこと、日頃神社仏閣とは縁のない若い人もたくさん訪れる。たとえば受験。模擬試験の偏差値や塾の指導のほうがよほど根拠がありそうだが、受験生は、合格についてはなんの保証もしてくれないはずの神社や寺院に詣で、合格祈願をし、おみくじを引き、お守りを買う。かれらや家族の不安は、合理的な世界のなかではなく、むしろ、非合理的な世界のなかで軽減されているのだ。

現代でもそうなのだから、いわんや古代ではその傾向が顕著だったろう。あらゆる災いの元凶は悪霊や怨霊、鬼神だった。そして古代人の知恵は、それらをやみくもに排除せず、丁重に祀り上げるシステムをつくりだした。

たとえば平安朝は、さまざまな鬼や怨霊が跳梁跋扈《ちょうりょうばっこ》した時代だ。天災が起こり疫病が流行るたびに怨霊のせいとされ、その鎮魂のためにしばしば御霊会《ごりょうえ》が執り行われた。八〇〇年頃、洛中に御霊神社が創建されたが、これは、権力をめぐる争いのなかで非業の死をとげた井上皇后、早良《さわら》親王、他戸《おさべ》親王の母子の怨霊を祀るためにつくられたものだという(5)。その後、祭神は次第に数を増したが、なかでも、菅原道真は有名である。神泉苑もまた、怨霊鎮めの御霊会や雨乞いの修法がおこなわれたところとして知られている。そのほか京には、鬼や怨霊を祀る神社や仏閣がつぎつぎに建立され、天皇みずからがその祀り手となった。

また都の葬送地だった鳥辺野《とりべの》は、ことのほか怨霊のすさびやすいところとされていた。空也はそこに六波羅蜜寺を営み、踊り念仏や大念仏を行ったといわれている(6)。踊り念仏は、足を踏みならして乱舞しながら念仏を唱え悪霊を攘却するのが特徴で、民衆のこころをとらえ狂騒の渦に巻き込んでいった。その熱狂的に踊るありさまを野卑として非難する向きも多く、空海から三百年後の鎌倉時代に活躍した一遍を批判して「念仏する時は、頭をふり肩をゆりて、おどる事野馬のごとし、さわがしき事山猿にことならず」とまでいわれている(7)。なりふりかまわない人びとの興奮と激しい踊りが目に浮かぶようだ。

このように人びとは、怨霊や鬼神を力で排除するのではなく、神社や寺院を建立し、祭を催し、祀り上げて「負の力」をなだめ、祓った。そこには、悪の力や自然界の脅威を認めながら、それとうまく共存するための知恵がはたらいていた。憤死して怨霊となった人ばかりでなく、人間だれしも、その内にどうしようもなく闇をかかえもっている。恨み、ねたみ、憎しみ、嫉妬……、それらは、抑圧し排斥しようとすればするほど、反撃をすさまじくする。

そうした「負の力」に煩悶懊悩したあげく、人は鬼になる。たとえば能の鬼女の面、般若について「三従の美徳に生きるはずの中世の女が、鬼となるということのなかに、もっとも弱く、もっとも複雑に屈折せざるを得なかった時代の心や、苦悶の表情をよみとることができる」と、鬱屈したこころが破滅に向かうしかなかった女たちへの憐憫の想いも寄せられている(8)。これはみな人間に共通する哀しさでもある。そしてさまざまな鬼たちには、天災や病い、人の不幸や不運、そして死までも、この世の悪という悪が投影されていった。

かつて遊びには、必ずといってよいほど鬼が登場した。子どもたちは鬼になることによって、みんなに忌避され、遠ざけられ、逃げられ、こわがられながら、鬼の哀切と孤独にふれた。「鬼なんて、なりたくない」「でも、鬼がいなければ、かくれんぼうも鬼ごっこも、かごめかごめもできない」「いやな鬼なのに、いないとつまらない」「嫌いな鬼なのに、存在感がある」。鬼とは、なんと両義的で不思議な存在なのだろう。それは、この世のあらゆる悪あるいは闇についても同じだ。

そんな嫌われものだった鬼が、最近は子どもたちに人気があるという。

ジャンケンで勝って鬼になるなんて、ひと昔まえなら考えられないことだ。時代の移り変わりは鬼の迫力さえ奪い取り、人畜無害のかわいい「オニさん」へと変貌させたのか。そこには、鬼の存在によってもたらされる自分自身や他者との葛藤や相克がない。「いやな鬼」体験の喪失が、わたしたちの内部から闇とのかかわりを奪い去っていなければよいのだが……。

人間がたちうちできないほど強力な力を有していた古代の鬼は、恐れられ、畏れられていた。鬼はその超自然的な力ゆえに、禍神《まがつかみ》にも似た存在として、人びとの「おそれ」の眼差しのもとに生きていたのである。ところが人間の精神の近代化、すなわち自我-意識の発達とともに、「モノの怪」の跳梁する世界は、境界線の向こうに追いやられていった。世界や人間にとって自然であるはずの、悪や闇が切り捨てられたのだ。

「悪」は特定の人のものではない。悪はわたしたち一人ひとりに内在する。さまざまな悪を、自分の内なる自然、また外部の自然として認め受け容れることこそ、人間の全体性の回復にほかならないのではなかろうか。悪を受け容れてはじめて、わたしたちは、みずみずしくいきいきとした生に誘われるのではないだろうか。悪霊や鬼神を祀るのは、この世の禍々しきことと一緒に、自分自身の悪、自分自身の哀しみを、いとおしみ、なだめることだろう。

鬼が彼方に追いやられようとする頃、子どもたちは妖怪を求めだした。「おばけにャ学校もォ、試験もなァんにもない」とおどけて歌い、子どもたちを羨ましがらせる妖怪たちは、この世のことわりの外部、闇の住人である。闇を連れ戻してくれるのはやはり子どもだった。夕暮れのグランドの一隅、夜の校舎、人っ気のない理科室や音楽室、そしていちばんの「闇の空間」トイレに、おばけはいまも潜んでいる。

うちに広がる闇

呪術と縁の深い貴船神社(9)や荼枳尼天《だきにてん》(11)を祀る稲荷神社には現在でも丑の刻まいりが続き、あちこちの神社仏閣の絵馬にはおそろしげな恨み言が綴られている。これは、人びとのこころの闇を吸収する文化的装置なのだろう。どんなに時代が変わり、科学と合理主義の世になっても、わたしたちは自分の内外の闇の世界から、けっして逃れることはできない。それを救うのに、なんと古めかしい方法がいまだに用いられていることか。

闇の領域の代表、熊野があつい眼差を集めるようになって久しい。奈良時代から山岳信仰の霊場で、平安時代からは修験道の拠点となった熊野、その名は「隈々しい（深く隠れる、秘密がある）」からきているといわれる。(11) また、アイヌ語の語源をたどって「暗い霊のいるところ」と読み解かれもする。(12) それを裏づけるかのように熊野は記紀神話の時代から、イザナミノミコトの下った黄泉の国として、あるいはスサノオノミコトの根の国として、闇＝死の国のイメージを保ちつづけている。いまだに負のエネルギーのたちこめる場所があるようだ。とくに、イザナミノミコトの墓があるといわれる「花の窟」付近の阿弥陀寺は、死者の世界とつながっていると信じられており、「この寺の奥の院の途中まで行ってみたが、何となく不気味で引き返さざるを得なかった」と、闇の領域が肌で感じられたりもする。[13]

その熊野の南に位置する葛城山で修業したという役小角も、闇の人として存在感じゅうぶんだ。彼は修験道の開祖と仰がれ、権力にまつろわぬ者の代表である。昨今、修験道も人びとの関心を集めるようになり、修業の一端を体験する試みが各地の霊場・霊山で行われている。山岳信仰では、山は母の胎とみなされ、そこに入り荒修業を経てふたたび下山するときに、修行者は新しく生まれ変わると信じられている。それはまさしく、現代人が失った死と再生の儀式「イニシエーション」だろう。自分に行き詰まり人生に倦み疲れた人びとが、起死回生を願い、新しい発見を求める旅。平安中期から始まった熊野もうでには、そんな意味があったのかもしれない。これもまた時代を越えて生きつづけている。

陰陽道の代表とされる安倍晴明が人気を博していることはさきにふれた。彼は「呪い調伏」の呪術をつかう陰陽師で、まさにこの世の闇の世界を引き受けていた。実際の人物については知るよしもないが、夢枕獏氏の描く阿倍晴明は、なかなか人間味のある人物のようだ。たとえば、こころの離れた愛人の公卿に恨みの思いが募り「鬼になってでも呪いたい」と願う女の気持に寄り添いながら、晴明はつぶやく[14]――

そのくらい(男のこころが戻って来ぬこと)は、本人もわかっていようさ。何日も何十日も幾月も、毎日毎晩、そのお方は、そのような理《ことわり》をもって自分を納得させようとしたに違いない。しかし、納得できなかった。できなかったからこその鬼ぞ。(括弧内は引用者)

鬼への情に接してわたしまで切ない気持になってしまう。現代人は、このような小説を読むことによって、自分のなかに棲む鬼と出会い、それを体験するのだろうか。そして、わが内なる鬼をなだめ、慰めるのだろうか。

近代人は「光」の増殖に奔走してきた。その結果、「闇」が封じ込められることになった。しかし、わたしたち一人ひとりの内外に果てしなく広がる闇を知ることこそが、もしかしたらほんとうの光を手にすることなのかもしれない。人びとのさまざまな闇への傾斜が、そう教えているように思われてならない。

どんなに合理的に理解しようとしても、割り切れないのが、人間のこころ。理屈に合わない世事もあとをたたない。わたしたちはそうした事柄をモノやツキとして納得しようとする。それは合理的な思考のおよばない領域だ。近代人の自我は、あらゆるものの辻褄を合わせ、その因果関係をあばこうと努めながらも、ときには、モノやツキといった言葉を洩らし、ひそかに溜息をつくことがあるかもしれない。それは、かろうじて残された鬼の棲家のようでもある。

鶴と亀が　すーべった

揺れるマトリックス

かごめかごめもいよいよ終盤、子どもたちのグルグルめぐりも佳境に入る。めぐることは、ごく幼い子でも容易にできるほど単純な動きなのに、そこにはよほど不思議な魅力があるのだろう。かごめかごめ以外にも、子どもたちの遊びにはめぐるものがたくさんある。「ひらいたひらいた」もそのひとつ。美しい歌詞が特徴だ——

ひいらいた　ひいらいた
　なんの花が　ひいらいた
　　蓮華の花が　ひいらいた
ひいらいたと　思ったら
　いつのまにか　つゥぼんだ

優雅な歌とともに遊ばれる「ひらいたひらいた」は、ご存じのように、輪になった子どもたちが、つないだ手をいっぱいに広げたり、小さく縮めたりする遊び。歌と動作がみごとに重なり合って、まさに蓮華の花のように華麗な遊戯だ。かれらは、みずからが花弁の一枚になって、あでやかに花を咲かせる。この花は季節によって、桜や牡丹、芍薬、手まり花などにも変化する。(1) 子どもの遊びが四季とともにあったのである。

この「ひらいたひらいた」もだんだん見かけなくなったが、めずらしく保育所で子どもたちと遊んだという学生がいた──

・手をつないでいっしょに歌をうたいまわるところは、かごめかごめと同じように、仲間と身近に接する楽しさがありました。「ひらいたひらいた」は、歌そのものがこころをゆったりさせるように感じました。「いーつのまーにかしーぼんだ」のところで円をちいさくするとき、子どもたちの声までしぜんに小さくなるのは、みんなのこころが通じ合っている証拠だと思いました。

「とうりゃんせ」やその外国版「ロンドン橋落ちた」も、子ども二人でつくるトンネル(橋)をくぐりながらグルグル回る遊びだ。また、比較的新しい遊びとしては、さきにあげた「あぶくたった」がある。あるいは、一般的によく知られている「ハンカチ落とし」

や「ねことねずみ」などのようなゲームもそう。

子どもたちはことのほか「円陣」が好きだ。

めまい

旋回がもっとも明快に現れている遊びに「ぐるぐるまい」がある。片方の踵を軸にしてくるっと回るもの、両足で回るものなどがあるが、いずれもその楽しさとは、ひとこと、目がまわること。それはイリンクス（眩暈）ともよばれ、たとえばハイチ島には「マイス・ドール」というものがある(2)――

二人の子供が手をつなぎ、向かい合って腕をのばす。体をふんばって後ろに倒し、足の先と先をくっつける。この姿勢で彼らは息も切れぬばかりにまわり、ぱっと止まって、よろめく。このよろめきが楽しいのだ。

実際にやってみるとけっこう激しい動きで、たしかによろめいてしまう。目がまわりすぎると気分が悪くなるが、適当であれば愉快。平常の感覚を無化する逸楽がある。知覚の惑乱からくる、日常や現実からの逸脱かもしれない。きちんと立っていることが日常なら、フラフラになることは非日常。まことに素朴にして単純明快だ。

また不完全な円運動や落下にも、わたしたちはイリンクスを感じる。もっとも身近なものはブランコだろう。ブランコはその昔、豊饒を願いながら天と地を結ぶ儀式に用いられた。その紐はおそろしく長い。アフリカの大草原のまっただなかで繰り広げられる様子をテレビで見たことがあるが、高所恐怖症の人なら心臓発作を起こしそうなスケールだった。いかにも命をかけた聖なる儀式の乗り物である。弱虫のわたしは、浮遊感覚のおもしろさだけを味わう、今日のブランコで充分だ。

「めぐること」をテーマにした遊びや玩具は、ほかにもたくさんあるが、古今東西、子どもたちは、ゆるやかに、ときに激しく、旋回する遊びを愛するのである。

胎内感

子どもたちが旋回の愛好者であることがわかった。それでは、人間と「めぐること」との最初の出会いを探ることにしよう。——それは、母親の胎内に始まる。

子どもに人びとの関心が向けられ調査がなされ、子どもが新たな価値をもって「発見」

されたのは、近代になってからである。その後、心理学の分野でもさかんに研究が進められるなか、乳児や新生児、さらに胎児までがその射程に入るようになった。

ここ数十年のあいだに、新生児についての研究は飛躍的な進歩をみせた。神秘のベールにつつまれていた胎児についても、電子顕微鏡、ファイバーオプティクスと特殊レンズ、超音波映像法などの検査装置や技術の進歩によって解明が進められている。胎児の心身の発達や胎内での生活の様子をいきいきと報告する本まである。[3]

胎児が約四十週を過ごす母胎‐子宮（マトリックス）は、人間がはじめて出会う世界である。その成立条件は、「可能性の源泉、その可能性を探索するエネルギーの源泉、その探索を可能にする安全な場所」であること。[4]栄養を供給され、外界から保護され、成長を保証されるマトリックスは生命の源なのだ。そしてこの胎児にとっての完全な環境は、しばしば「楽園」のイメージをもって語られる。

このマトリックスでの生活の大きな特徴は、胎児が羊水のなかに浮かんでいることである。胎児はそこで「揺れ」を経験する。とくに胎児期前半にそれは顕著で、胚子が胎児になると、赤ちゃんは手足の動きを楽しむようになるという。まさに黄金の日々だ。[5]これこそが「めぐること」のはじめての体験、眩暈の原形かもしれない。

超音波で観察すると、母親の精神状態が安定しているとき、胎児はリズミカルな揺れを繰り返すという。反対に、母親が動揺したり、怒り・悲しみ・興奮等の感情の嵐に巻き込まれたり、ストレス状態にあると、各器官から分泌されるホルモン（アドレナリンや副腎皮質ホルモンなど）の影響で、胎児の動きは不規則で緩慢になるのだそうだ。心地よい揺れはどうやら、単なる物理的な環境によってもたらされるのではなく、母親との安定した関係に支えられていなければならないらしい。

かくして人間が最初に体験する揺れは、原初的な記憶として心身に刷り込まれることになる。それは暖かく、ここちよく、懐かしい記憶として、こころの底深くに沈む。そして、その後わたしたちは、いろいろなやりかたであの懐かしい黄金の日々を繰り返し体験しようとする。それが、さまざまな「揺れ」であり、「めぐること」なのである。

たしかに揺れは、想像するだけで心身をリラックスさせる。今日風にいえば、脳波がα波になり、βエンドルフィンが分泌されるという感じか。

わたしがアメリカ滞在中のこと。ある日、郊外の友人宅を訪ねた。その裏庭には大きな木があり、ブランコが吊るされていた。目の前には牧場や畑が広がり、ブランコに揺られながらわたしは、ぼーっと一面の緑を眺めていた。しばらくすると、全身が心地よさに包まれてきた。友人は言った、『わたしの友だちは、疲れるとここに来て、あなたのようにブランコに揺られるのよ』。——やさしい風を身体に受け、ゆらりゆらりと揺られながら、わたしは黄金の日々を再現していた。

リズミカルな揺れは、かつて味わった安心と幸福のシンボルなのかもしれない。

浮かぶ

生まれたばかりの赤ちゃんを待っているのは、産湯である。

赤ん坊は母親の胎から出たとたんに、自分の重さを引き受けることになる。ところが、産湯のなかに浮かべられ、揺られることで、ふたたび体重から解放される。そして、初期の胎児のように浮かび、揺れる。出生という大仕事を終えて、赤ん坊はしばらくのあいだ、その安心のなかにまどろむ。

わたしたち大人も、風呂やプール、海が好きだ。お湯や水に身体をゆだねてたゆとうとき、わたしたちは母親の胎内での始まりの時に帰る。そこには懐かしい安らぎがある。昨今は、有料リラクゼーションルームもあれば、家庭での入浴リラクゼーションもブームになっている。お風呂ブームは近年の強迫的ともいえる清潔志向とあいまって、身近で手軽な入浴文化を生みだした。現代人はことほどさように、ストレス要因にさらされ、人間関係に疲れ、肩を凝らし、腰を痛めている。

お風呂を楽しむわたしたちは、赤ちゃんと同じような感覚や気分を味わっている。現代人は失なわれた楽園を求めて、湯船のなかに夜な夜な我が身を浮かべるのだ。ひょっとすると、布団の収められた押し入れに隠れるのが好きだった子どもや、カプセルホテルが妙に落ち着くという御仁も、やはり無意識のうちに胎内復帰の欲求をいだいているのかもしれない。お手本はこのような感じだろうか[6]——

子どもを湯船のなかで支えている手には、まもなく、この小さなからだが、すっかり身をゆだね、リラックスしていくのが感じられます。最後まで残っていた怖れや、固さや、緊張も、太陽に照らされた雪のように溶けていきます。おじけづいて、こわばっていた赤ちゃんのからだ全体が、生き生きと踊りはじめます。

ただこのような胎内復帰の願望も、行き過ぎると問題がある。始原への強烈な執着は、自己放棄へと向かいかねないからだ。完全な母胎への回帰は、まさしく「死」を意味する。わたしたちにはふたつの拮抗する本能がある。かたや「エロス＝生の本能」は、人間がよりよく、より幸福に、より自分らしく生きようとする傾向で、そのような生への情熱や努力には必ず緊張が伴う。一方、本能には保守的な側面がある。それが「タナトス＝死の本能」といわれるもので、退行、すなわち、以前の状態の復活に向けられている。タナトスのなかには、非活動や休息、眠りを目的とする本能があり、それはエロスにおける緊張を解放し、原初における永遠性への回帰をくわだてる。

長い休息と大きな癒しを必要とする場面は、一生のなかに幾度となく訪れる。けれどもそれは、生の半ばにして永遠の安らぎを得ることではない。極度に休息が必要であったり、あまりにも退行的な弛緩を志向するようなら、そのときわたしたちは精神のバランスを欠いているにちがいない。そんなときは、自分と周りの人や社会との関係を再調整したほうがよいだろう。人間の生は、エロスとタナトス、いいかえれば、緊張と弛緩、意識的な努力と放棄を繰り返しながら螺旋状に進んでゆく。人生の課題は、対立する本能の統合であり、わたしたちに必要なのは、本能の二元論ではなく「本能の弁証法」なのである。[7]

さまざまなストレスにさらされながらも、わたしたちは懸命に生きている。湯船に浸り、水と戯れながら原初の至福と安心のなかにしばし憩うことは、そんな現代人にとって、エロスの回復に一役かっているのかもしれない。

揺れる

母親の胎内にはいつも動きがあった。羊水の中の揺れ、母親の絶え間ない動きは、ときに激しく、ときに穏やかに胎児を包んでいた。ところが、母親から分離した赤ん坊を待っているのは、静止した世界である。

そこでわたしたちは無意識のうちにも、子どもが泣くと抱いて揺する。眠らせるときも同様。揺りかごがその役割を引き受けてくれることもあるだろう。そんなゆるやかでリズミカルな揺れのなかで、赤ちゃんは安心し、泣きやみ、まどろむ。大人ならばさしずめ揺り椅子やハンモックが同様のやすらぎを与えてくれるかもしれない。新生児は、このような揺れを受動的に経験しながら、徐々に世界に慣れ、すこしずつ外界に対して能動的なかかわりをするようになっていく。その移行の時期に、誰かによって揺すられることは、こころの安定という点から、赤ん坊にとって大切なことなのである。

こうして覚醒時間が長くなりさまざまな感覚が発達してくると、赤ちゃんは自分のまわりの事物に興味をもつようになってくる。ガラガラなどの音の出るおもちゃもそうだが、なかでも揺れる愉しみをたっぷり与えてくれるのは、天井から吊るされたオルゴールメリーだろう。

ひと昔まえのメリーは、プラスティック製の色とりどりのものだった。静止しているときにはさして美しいとはいえないが、いったん回りだすとつい見とれてしまう。最近では、数個の動物や人形などがついていて比較的ゆっくり回るものが多くなってきた。前者が回転時に構成されるゲシュタルト（かたち感覚）の魅力であったならば、後者は部分への認識が生みだす魅力である。そしてどちらにも、回転運動がつくりだす世界のおもしろさがある。

また、ゆりかごの揺れは直接的な身体感覚として体験される。それは新しい環境へ適応しつつある不安を緩和させる。こうした愉しみは、「めぐること」が人間のこころに与える普遍的な快感なのかもしれない。

快感は身体とこころの両方によって感じとられる。身体感覚はイリンクス（眩暈）として感じられた。一方、揺れやめぐることがもたらすこころの快感は、やすらぎや安心といった、親しい人びととのパトス的関係に結びついて感じられる。「人とともに在ること」の幸福といってもよいだろう。どちらも、みずからの生命の始まりの時に体験したもので、ゆえに原初的で根源的だ。これらの感覚や感情は、子どもの精神の中心にとりこまれ、その後、さまざまな揺れや旋回を求めるようにはたらきかける。

かごめかごめにはふたつの快感がある。それは、「めぐること」そのものの心地よさと、「みんなで手をつないで」回ることの愉しさ。子どもたちはかごめかごめを遊ぶことによって、人間存在の根本や本質を、知らずしらずのうちに確認しているのかもしれない。


後ろの正面だぁれ？

〇〇ちゃん！

あたったぁ！

いつもいっしょに遊んでいるのだから、もちろん、よく知っている仲間どうし。それなのに、何度もなんども出会い直すうれしさ。「あなたと私」を、幾度もいくども確かめあう幸せが、そこにはある。わたしは、人間のほんとうのありようを、この子どもたちの遊びが教えてくれているように思われてならない。

恍惚環

めぐることが普遍的な価値をもつものであれば、それを好むのは子どもに限らない。大人だって、めぐることに喜びを見いだしてきた。

たとえば盆踊り。わが家の近くでも自治会主催の夏祭の一環として毎年行われるが、今日ほど娯楽のなかった時代、共同体や年中行事が生活のなかに生きていた頃には、盆踊りは一大行事として、人びとのこころと身体を沸き立たせていたにちがいない。子どもや大人、男や女という日常のことわりや規制を超えて、まさにハレの日として、だれもかれもがめぐりめぐる踊りの輪に溶けて、心酔わせたことだろう。

柳田國男も盆踊りに心魅かれた一人だ。彼は東北の漁村、小子内の盆踊りに強い印象を受けた(8)。その踊りには太鼓も笛もない。ただ、とびきり声のよい女性が歌うのに合わせて、村の女たちが夜更けまで、静かに、踊りの輪をまわしつづけるのである。月明かりに、踊る女たちの装束が光るのが、わずかに華やかさを添えていたという。

盆踊りの翌朝、柳田が出立の折に昨夜の踊り場を通ってみると、「掃いたよりも綺麗に、稍楕円形の輪の跡が残つて居る」。ひっそりと静かな踊りでありながら、いや、静謐であるがゆえに、踊る女たちの内部に音を立てずにふつふつと湧きおこるエネルギーを感じてこころ惹かれたのだろう。素朴な歌と踊りに女たちが酔いしれたのは、胸の奥深くに流れる祖先の熱い想いが、そうさせるからかもしれない。

大人の踊りも、子どものかごめかごめも、元来は真面目で真剣な宗教儀礼だった。そこには、自然や神仏への畏れや、祈りがあった。神や祖先の霊と交わるために一同に会し、ひとつに結ばれ、たがいにエネルギーを交換しながら歌い踊った。動かぬ「中心」をもつ踊りの輪は、人びとが力とこころを寄せ合いながら、ともに生きる姿の象徴のように思われる。

それでは、現代はどのような場で「めぐり」の愉悦と陶酔を享けられるだろうか。今日、旋回のイリンクスにもっとも満ち溢れているのは、なんといっても、遊園地だろう。いまや子どもだけのものではなくなった。若者たちの圧倒的な人気と支持を得て、遊園地は、眩暈の追求にまっしぐらに突き進み、日々開発される新型マシンが、さらなる眩暈を提供している。

遊園地に一歩足を踏みいれると、そこはカーニバルのまっただなか。みんな日々のルーティーンや現実の煩い事を脱ぎ捨てて、非日常の世界へ飛び込んでいる。華やかな色どりに溢れ、甘いお菓子の匂いが満ち、賑やかな音楽が胸を沸きたたせてくれる。門をくぐると異国のオランダやスペインだったりして、わたしたちは一瞬にしておとぎの国へ誘われる。そこにはハレの日の享楽が充満し、「いっさいが共鳴して、ひとつの酩酊とな」っている。[9] かくして遊園地は、現代において、すぐれて祝祭的な空間をつくっている。

そんな共鳴と酩酊を盛り上げてくれるのが、「眩暈・よろめき・ふらつき」の乗り物だ。遊びに詳しい思想家のカイヨワならこのイリンクスをどんな風に語るだろうか[10]——

それらは、一時的に知覚の安定を破壊し、明晰であるはずの意識をいわば官能的パニック状態におとしいれようとするものである。……(中略)……一種の痙攣、失神状態、あるいは呆然自失に達することが問題なのである。それらは、有無を言わせず乱暴に、現実を消滅させてしまう。

心地よいイリンクスをもたらすものの代表は、なんといっても回転木馬だろう。ワルツの音楽に合わせて上下に動きながら回転する馬上では、誰もがゆったりと、あらゆる思考を棚上げにして、原初のおだやかな快感に身をまかせられる。

また観覧車は、縦の円運動。弧を描きながらゆるやかに上昇していく。小さなゴンドラはわずかな風にも揺れて、ときどき心細くもあるが、しだいに開けゆく展望に、わたしたちは思わず感嘆の声をもらす。親しい人と語らいながらふたたびもとの位置に戻ってくるのが、安心でもあり、ちょっぴり残念でもある。

軸を中心に飛行機や椅子が旋回する乗り物も、遊園地では伝統的なものだ。このあたりのイリンクスからだんだん、カイヨワの定義が当てはまるようになってくる。遠心力がテーマのこれらの乗り物は、速度もそこそこにあるので、三半規管にも影響を与える。とうぜん平衡感覚は崩れ、降りたあとにふらつきやよろめきが生じ、軽い乗物酔も起こる。

さて、いまや「絶叫」時代。遊園地が幼い子どもに独占されていた時代は終わった。多くのアミューズメントパークが若者に的をしぼった設備をそろえ、ひたすらスリルと興奮を追求する最新の装置を提供している。一九七〇年代に、宙返りやスクリュー回転をするものが登場すると大きな反響を呼び、若者たちは数時間も並んで乗った。このマシンに搭乗するには、身長・体重・年齢などのチェックがあり、とうぜん、小さな子どもは乗ることができない。遊園地が様変わりしはじめたのは、この頃からだ。

絶叫マシンはもはや、まどかな旋回どころではない。わたしも腹をくくって幾つか試してみたが、手すりに力ずくでしがみついているあいだじゅう、目はつむりっぱなし。恐怖に絶叫しつづけ、めちゃくちゃな重力にひたすら耐え忍び、降りたあとは腰が砕けていた。それはもうイリンクスというより、拷問。忘我というより、心臓マヒ寸前。遊園地を去る頃にはフラフラだった。つっぱりつづけた腕や足は、翌朝、かたまっていた。

なぜこんな遊具が、若い人たちにはうけるのだろうか。

人間は、ほんとうの恐怖からは快感を得ることはできない。わたしがいくら拷問のようだといっても、実際には拷問ではない。あくまでもスリルの延長線上にあり、いくら怖くても耐えられることが予測され、必ず安全地帯に帰ってくることができるという了解にもとづいている。だから人はあんなに叫び声をあげつつ、不思議と顔は笑っていられるのである。しばしの絶叫のあと、かれらは、鬱積したエネルギーを発散した爽快感と、危険に挑戦した満足感を味わいながらマシンを降りる。たしかに、みんなハレバレとした顔をしている。

かつて人びとは祭りに加わることによって、日頃の労働や生活で枯渇したエネルギーを充填し、自分の内外のケガレを祓った。それはどうじに、共同体の紐帯を強化し、結束を確認する機会でもあった。

ひるがえって現代の若者たちはハレの日を、あらかじめ準備された商品としての祭りの仕掛けを消費することによって実現する。遊園地には参加者の繋がりは薄く、親しい者どうしでスリルという法悦境を体験するのだ。そこには過剰なエネルギーの放出がある。

現代の子どもたちは学歴社会での軋轢や、仲間関係のストレスで消耗しきっているといわれるが、一方で、むしろエネルギーがうまく消費、再生産されずに、負のエネルギーを貯め込んでいる子どもたちや若者も多い。かれらにとって遊園地は、余剰エネルギーのてっとり早い発散の場となる。面倒な準備も煩わしい人間関係もなく、親しい人とともに手軽にとりおこなう新しい祭りのかたちだ。一瞬のあいだ安楽な地上を離れ、疾走と重力と旋回の限界に挑戦しながら、興奮と、絶叫の、ハレの日に打ち興じるのである。

身体《からだ》をとりもどす

かごめかごめは、歌ったり回ったりと、身体を用いることで成り立つ遊びで、それが愉しみの秘訣である。ともすれば身体より精神が優先されがちな現代において、身体の意味を問い直すことは、わたしたちが生の全体性を取り戻すのに必要なことかもしれない。

多くの伝承遊びでは、身体がフルに活用される。なかでもかごめかごめは、鬼を除く全員が手をつないでグルグルまわるという、共通のからだの動きが特徴だ。かつて遊んだ学生たちも、単純ではあるがその独特の動きを愉しんでいたようだ。その際、みんなで手をつなぐことやいっしょに歌をうたうことも、この遊びの身体性をいっそう印象深いものにしている。このようなグルグル感覚や仲間の手のぬくもりは、子どもの身体に刻み込まれ、身体の記憶となって残ることだろう。

群れあそぶ身体

伝承遊びのなかでも、仲間が集まって戸外で遊ぶものを「群れ遊び」という。かごめかごめ、かくれんぼう、鬼ごっこ、缶けり、だるまさんが転んだ、花いちもんめ……。この群れ遊びは、かつては近所の異年齢集団によって遊ばれていた。伝承遊びを次世代へと受け継がせてきたのは、このような遊び集団によるところが大きかった。

異年齢集団にはかならずリーダーシップをとる大将がいて、仲間どうしがうまく遊べるよう采配をふるった。遊びを指揮したり、けんかの仲裁をしたり、必要なものを調達したり……。大将は自分がいばるだけではなく、集団のためにも惜しみなく動き、危険から仲間を守ったり、と活躍するのである。昨今では異年齢集団はほとんど姿を消してしまったが、このような本物のリーダーは、いつの時代にも必要な存在である。

なかには子守をいいつけられる子どももおり、そんなときは弟や妹を連れて遊びにやってきた。集団の正式メンバーではない小さな子どもたちは、「ごまめ」とか「たまご」とか「みそっかす」などと呼ばれた。

みそっかすはまだ小さすぎて集団の一員として遊びに加わることができないので、いわば治外法権のもとにおかれていた。たとえば、鬼があたらなかったり、きちんとルールを守らなくてもよかったり、など。そうやって、みそっかすもだんだん遊びを覚えていき、やがては正式に集団を構成するメンバーとして成長していくのである。このような許容性のある集団には、子どもが子どもを育てる機能があり、教育という観点からもたいへん大きな役割を担っていたといえるだろう。

群れ遊びは他にもたくさんの滋養を与えてくれるのだが、ここでは、身体という側面からみてみよう。

まずもって運動の量と質。実際にやってみるとよくわかるが、群れ遊びをしていると、じつによくからだを動かす。走る、飛ぶ、急に方向転換する、そっと歩く、まわる……。そこには、ものすごい運動量とともに、さまざまな動きのバリエーションがある。子どもたちはこのような群れ遊びをとおして、体力、敏捷性や巧緻性などの運動能力、さらには、それらを用いて遊ぶための気力も養っていったのである。

そして、身体を使う群れ遊びではとうぜん、仲間のからだに触れることになる。からだを寄せる、捕まえる、手をつなぐ、タッチする、押し合う……。皮膚をとおして感じるおたがいの身体から、感情が伝わり、仲間意識が育っていく。

人間には幾多の感覚があるが、生まれてすぐに発達してくるのが体性感覚といわれるもので、これは大脳だけでなく脊椎によって感じられ、おもに触覚に関係している。この感覚によって、生まれて間もない乳児でさえ、みずからを身の危険から守ることができるのである。また、小さい子どもほど、触わったりすることで対象物を認識しようとするのは、観察していればすぐにわかる。砂遊びや泥遊びなど、触覚を心地よく刺激する遊びが小さな子どもに好まれる理由もそこにあるのだろう。

このようなことからも、群れ遊びにつきものの「身体の触れ合い」が、子どもたちの発達にとてもよく適っていることが理解できるだろう。かれらは、おたがいの身体に触れ合い、その皮膚接触によって相手をまるごと感じ、仲間としての絆を結んでいくのである。残念なことに、大人になるにつれてわたしたちは、特別の人とでなければ、自然に手をつないだり身体を寄せ合ったりしようとしなくなるが、子どもにとっては、それがいたって自然なコミュニケーションの手段なのだ。

みんなと一緒に歌う、遊ぶ、身体を動かすことのなかで、子どもは、他人の身体に起こっていることを生きいきと感じる練習をする。そこからほんものの、他人を思いやる気持が根づいていくのではないだろうか。

ここに一編の詩がある。(1) 熊本から北九州に引っ越した六歳の女の子が、以前遊んだ幼稚園の友だちへ送ったものだ——

くまもとへ
磯田　菜津穂　（福岡　六歳）
はるたせんせい　さきちゃん
おはなや　てつぼうや
まどのくもや　みちや
バスや　つるやや
しんちだんちも
みんな　げんきですか
おてがみとか　でんわでは
みえなくて　さわれないから
あって　いっしょに
あそびたいです
わたしたち大人は手紙を書くのさえ億劫になっている。最近では、電話より電子メールのほうが楽だという人も多い。なぜなら、相手と会ったり話したりせずに用件だけ伝えられるから。そんなことを菜津穂ちゃんが聞いたら、驚くに違いない。この六歳の女の子は、手紙や電話ですらだめだという。どうしてかというと、「みえなくて　さわれないから」。

——そんなことでは友だちへの熱い思いはぜんぜん満たされないのである。

肌と肌を触れ合わせながら遊んだ身体の記憶が、どれほど仲良しへの思いを深めていることか。その感覚に支えられながら、菜津穂ちゃんは他人を恋い求める人となり、やがて、人とともに生きることの喜びに拓かれていくにちがいない。この「火のような望郷の歌」と出会ってわたしは、とても大切なことを菜津穂ちゃんに教えてもらったような気がする。

切り離される身体

ところで、遊びに限らず、わたしたちは身体を動かすことが好きだ。

あたりまえのことだが人間は「動物」である。動物とは「うごくもの」。つまり、大地に根をはやした植物とは違って、動くことが人間の本質なのである。テレビなどで世界中の野生の動物の生活を見ることがあるが、たしかにかれらは絶えず動いている。移動し、仲間と戯れ、獲物を追いかけ、あるいは逃げる。動物がじっとしているのは、病気や飢え、そして、死を待つときである。

動物に近い（というか自然に近い）、赤ん坊を思い浮かべてみよう。かれらはほんとうによく動く。赤ん坊はおおよそ一年のうちに首が座り、寝返りがうてるようになり、はいはいが始まり、つかまり立ちができるようになる。目覚めているあいだは絶えず、動かせる部分を使って、なにかしらの運動をしている。

やがて子どもは自分の力で立ち、歩きはじめる。子どもが初めて歩いた場面を見たことのある人は、かれらがその瞬間どんなにうれしそうで、自慢気な顔をしているかを知っているだろう。子どもは転んでも起き、また転んで、また起きて、自分の足で立ち、歩こうとする。歩くことがこんなにもうれしいものかと、見ているほうまで笑みを禁じえない。

自由に歩き、さらに走ることができるようになると、その運動量はぐっと増し、運動の内容も豊富になり、複雑になってくる。こうなると、子どもをじっとさせておくのは至難の技だ。一人ひとりの子どもに個性や差はあるとしても、みんな動くことが好きだし、そのなかでさまざまな成長を遂げていく。動くことは、子どもに限らず、そもそも人間にとって自然な欲求であり、生きるうえで本質的なことなのである。

一説によれば、生後一年間くらいの赤ちゃんの動きと発達は、生命の進化をたどるらしい[2]。床に身体をペッタリつける初期の「はいはい」は爬虫類、手足で身体を持ち上げる「高ばい」は四足歩行の動物、そうして、二足歩行の人間へと進む。この考えかたでいけば、胎内の赤ちゃんは、さしずめ羊水を泳ぐ魚ということになるだろう。これは「個体発生は系統発生を繰り返す」という論にもとづいているのだが、このような順序を踏んで身体を動かし発達させていくことが、脳にもよい刺激を与え、その機能を活性化させるというわけである。

脳は、それだけではさして価値があるとはいえない。それは、身体の一部として存在して機能してはじめて意味がある。そのためにはまず、刺激や情報を得る器官が必要となる。それをとおして刺激や情報が脳に送られ、反応が生じるのだ。すると、脳で受けとめた刺激や情報を具体的に表現する器官がふたたび必要になる。いいかえれば、脳は身体と結びついてはじめて、威力を発揮することができるのである。知的能力・創造性・精神・感情・こころ……、どれをとっても、身体から切り離されては活躍できない。

ところが近代化は、それまで不可分であった精神と身体を分離させた。それは、強大な資本主義が、科学的な知や技術とともに自然を切り崩していった過程と符合する。わたしたちは「自然であること」の根本から遠ざけられ、人工的で物質的な豊かさのなかに投げ入れられた。

自然の一部分として機能していた身体が人工的な物質文明に急速に適応していくプロセスのなかで、わたしたちは、本質的な身体性を喪失していってはいないだろうか。

人間は、動物のなかではある方向でもっとも進化し発展してきた。意識性を発達させ、自然と対峙しながら、近代を突き進んできたのである。おかげで、生活の便利さや豊かさを手に入れることはできた。しかし気がつけば、「なにかからはぐれてしまった」不安に行き暮れている。乗り物依存の生活、環境の汚染、生態系の乱れ、大人や子どもをとりまく新たな心身の問題、……医療の進歩や衛生の向上とは相反して、人間の自然な身体性がおきざりにされてきた感がある。人間の身体が大地から遠ざけられてしまったことは、わたしたちの精神もまた、養分を吸収すべき根っこから切り離されてしまったことを意味してはいないだろうか。

ここまで来てしまったわたしたちには、近代化への反省や批判とともに、新たな課題が突きつけられるようになった。ある人は、キリスト教におけるマリアを自然、ソフィアを叡知として、つぎのように二十世紀をふり返る(3)——

ソフィアはあまりに賢いために、創造の神がつくった自然などと、一体であるからといって、それに満足することはできなかった。ところが、マリアのほうは、もっと母性的で、エコロジカルな幸福感を愛した。そのマリア的な自然の力が、思想の二十世紀に大きな影響力をもったソフィアの存在を、しだいに圧倒するようになってしまったのである。

いつの時代も、あまりにも急激な変化には、かならず揺り戻しがくる。二十世紀末には、人間の知によって大きくふれた振り子が反対方向へと戻りはじめた。それは、生命系の一部としての人間、宇宙や自然の一員としての人間について関心が高まった時であった。そして、精神とのバランスを失ったわたしたちは、さまざまなところで身体性の回復を叫びだした。

ものがたる身体

わたしたちは大なり小なり、こころに悩みや問題をかかえている。それは身体のさまざまな歪みや癖になって現れてくるようだ。[4] 背中を丸める、肩が左右どちらかに傾く、身体のどこかが緊張している、セカセカ歩く、ぎくしゃくした動き、息が浅い、眼がうつろ……。誰にもひとつくらい思いあたるものがあるのではないだろうか。

身体とこころは一つである。いつも肩が凝る人は、無自覚のうちに絶えず肩に力が入っているのだろう。悲しいとき、わたしたちは自然に胸が縮んで「胸がふさぐ」。なにかに追い立てられているように生活していると、頭が先に歩いているようなせかせかした感じになるだろう。このようなことが長期にわたると、身体の歪みとなって固定化される。そして、その姿勢や動作がふたたびこころへ影響をおよぼすという悪循環を生じさせてしまうのだ。身体にはこころが反映され、こころは身体の影響を受けるというわけである。

現代人は少々無理をしてでも、仕事をする。勉強をする。はたから見れば「もうやめておけば……」と思われるようなばあいでも、当人は頑張ってしまう。こころや頭のほうが身体より先行してしまうのだ。昨今では、多種のサプリメントで活力を維持しようとする人も珍しくない。なかには、安定剤や抗うつ剤などの薬物によって心身を支えている人もある。「なにも、そこまでして……」と、第三者は簡単に言えるが、本人にすれば必死だ。現代人の強迫的なガンバリは、病気や、薬物・アルコール依存などによって、身体をいためたり、傷つけたりする危険性をたえず孕んでいる。

　わたしたちはもっと、こころを身体に寄り添わせ、みずからの身体の声を聴く感性を回復しなければならない。自分にとっての快を探り、それを心身が受け容れていくことが大切なのではないだろうか。

　こころや精神を安定させるための基本は、まず安定した身体だ。その秘訣は、身体に中心をもつこと。身体にゆるぎない中心点をもつということは、心身の健康やバランスを保つための根本だろう。以前ヨーガを習っていたとき、いつも言われたのが、丹田（臍の下部にあり、緊張と弛緩のバランスを保つ身体の中心点、また生命の中心点のこと。「神の座」ともいわれている）に力を込めるということだった。全身の力が丹田において統一されている状態を、「肚《はら》が座っている」という。肚が座っているときは、身体的にも精神的にも健康状態が安定し、姿勢や動作が正しく保たれている。上半身はリラックスし腹に力が充実する「上虚下実」の状態だ。それにはかならず深い呼吸が伴う。

　わたしのヨーガの先生は、お孫さんもいるという年配の女性だったが、じつに安定して充実した、美しいからだの持ち主だった。たくましくしっかりしていて、それでいて弾力性のあるしなやかな身体。人間のからだは、あちらに揺れてはこちらに動くものだが、中心点のある身体であれば、あるべきところに戻ってくる力をもっている。つまり、身体に「拠りどころ」が存在するのだ。そこにわたしたちは、精神の「不動」や、身体の「安定」をみることができるのかもしれない。

ある人は、ワークショップを始めた頃、子どもの身体がぐにゃぐにゃしているのが気になったという。[5] たしかに、背中を丸めた子どもや身体からエネルギーを感じさせない若者が多い。身体に軸をもたない人が増えてきたということだろう。

またある人は、「ムカツクやキレるの隆盛の底流には、腰と腹（肚）を重視した日本の伝統的な身体・言語文化の衰退がある」という。[6] かつて腰や肚を重視した身体は、「腰を据える」「腰を入れる」「肚をきめる」「肚をすえる」などの言葉によって表現されていた。ところが、これらの言葉を日常的に使用する頻度が激減してきたという。それはすなわち、腰や肚を中心にもたない身体が増えてきたことを意味している。「腰肚身体」とは、しっかりしているが硬くなく、柔らかいがグニャグニャしていない身体。身体の中心を腰や肚に据えることによってできる身体のこと。人間が意識的につくりだすものではなく、本来そうあるべき自然な姿でもある。ギックリ腰や椎間板ヘルニアなどで腰を痛めた経験のある人なら、人間が立ったり座ったり動いたりするのに、いかに腰が身体の「要」であるかに気づかされたことだろう。

腰肚文化の衰退は、わたしたちの精神にまで影響をおよぼす。たしかに、面倒なことや厄介なことから逃げてばかりいる「肚を据えない」「腰がひけた」「肚のくれない」人物が増え、頼り甲斐のある「はらの大きい」「太っ腹」な人物や、信頼できる相談役として「腹におさめて」くれる人物、真正面から「腹を割って」向き合ってくれる人物が減ってきているようにも思われる。そうした大人たちの変化は、子どもに不安や不信を呼び起こさせるだろう。自分の意志を明確に表明する大人や責任をもって行動する大人、きちんと向き合ってくれる大人、どっしりと落ち着いた大人を、子どもたちは周りに見いだしにくくなっている。

それが原因か結果か、心身の重心は上方へと移り、ムカついたり、キレたりしやすい若者が急増してきた。拠りどころを自分の内外にもたず、不安定で、依存的で、攻撃的な児童が増えてきた。子どもの問題はどうじに大人の問題でもある。子どもを云々するまえに、大人たちが戦後の激動の時代に揺れ動いた自分をふり返りながら、大切なもの、失ってはならないものを思い起こし、それを自身に実現することが必要だろう。

またそれと並んで、子どもたちに、自然で心地よい身体性を回復させることも急務だ。子どもが戸外で身体を使って遊ぶことの大切さは、だれもが賛成するにもかかわらず、現実にはその機会や時間はかなり減少している。かつて子どもは、自分の身体をあますところなく使うことによって、身体とこころをみずから喜ばせることを体験してきた。身体とこころが連なり合っているということを、身をもって学んでいったのである。

子どもたちの今日の問題と身体性のかかわりを重要視しながら、なかでも腰肚文化の再生の必要がつぎのようにいわれている(7)――

身体的想像力を技化していくこと。これが、一つの方法である。たとえば、「据える」「ためる」などといった動詞は、からだの動きであると同時に、こころの動きでもある。「精神としての身体」といってもよい。

これは、腰や肚にまつわる言葉の意味を具体的にイメージしながら、身体にとりこんでいくことを意味している。このような言葉を、自分の身体にある実感をもって使うことができるようになるとき、それにともなって精神も強められていくということだろう。最近の子どもたちは戸外で遊ぶかわりにプールや体操教室へ通うが、器用にスポーツができるようになること以前に、自分の身体になじみ、それを動かしたり、静止させたりすることの気持よさを学ぶことが肝要である。

みずからの身体に親しむことは、自分のなかに拠りどころをつくることであり、自分を愛することでもある。そのことがひいては、他人と関係を結ぶことや、他人を愛することにつながっていくのではなかろうか。

後ろの正面だぁれ

人のいたみと優しさ

じっとがまんの鬼も、ひとたび「うしろの正面」を当てることができれば、晴れて自由の身——孤独からの解放である。

うしろの正面を当てられず何度も鬼をするのは、けっして愉快なことではない。だいたいにおいて、かくれんぼうや鬼ごっこのような伝承遊びといわれるものは、鬼が交替するたびに遊びが一新され、おもしろさが持続する。また鬼も、「ときどきまわってくるものだから……」と覚悟すれば、辛抱もできるし、その役割を楽しむこともできる。

ところが、仲間の意地悪から、鬼を何度もやらされ、いつ明けるともしれぬ暗闇のなかにしゃがみ込んでいなければならないとしたら、それはもう拷問だ。こうなるとかごめかごめの鬼は、じわじわと押し寄せてくる惨めさにただ耐えるしかない。なぜなら、みんなに取り囲まれて自由を奪われた鬼は、そう簡単には逃げだすことができないから。

もちろん、かくれんぼうでも、鬼の孤独が遊びの域を越えることはある。[1] しかし、いよいよ孤独に耐えられなくなったら、その場から逃げ出すことができた。じっさい、家へ帰ってしまう鬼もいた。ところがかごめかごめの鬼はそうはいかない。集団の内側に囲い込まれた鬼は、逃げ場を失い、出口なしの状況に追い込まれる。かくれんぼうの鬼が、仲間から外される孤独であるとするなら、かごめかごめの鬼は、仲間の内に閉じ込められる孤独だ。同じ孤独でも、あきらかに胸の痛みかたが異なる。

そのうえ、かくれんぼうでは、鬼以外の子どもたちもいちおう一人ひとりに分断され、みんなが「籠る」という孤独を経験する。ところがかごめかごめでは、鬼以外の子どもは、手をつないで輪になるという遊びの構造上、一体化される。つまり、かごめかごめでは鬼ただ一人が、最初から最後まで「独り」なのだ。そこにはひたすら、人間だけでつくりあげる孤独が横たわっている。子どもといえども、その内にかかえもつこころの闇が、そこに溢れだすのである。子ども時代の「ポカポカ」はふざけの延長線上にあったが、[2] それでも彼は傷ついた。もし、あきらかに悪意によってこのような遊びが行われたとしたら、それは残酷なゲームになってしまいかねない。

以前、雑誌のいじめの特集に、いじめの標的を、いじめる子どもたちが丸く囲んで、コマーシャルソングにあわせて蹴りあげるゲームが紹介されていた。かごめかごめの構造が、子どもたちの悪意に利用された例である。なにしろ、「鬼になる可能性はみんなになくてはならないし、その孤独を味わう機会は平等にある」という第一原則が破られている。ここまでくると、もはや遊びの領域を越えているし、とうぜん伝承遊びではありえない。

もちろん伝統的なかごめかごめでも、鬼がなかなか交替できないようにするとか、後ろからつつく、叩くなどの悪戯や意地悪があったことは想像できる。意地悪はかごめかごめに限らず、遊びにはつきものとさえいえよう。それは徹底的に否定され、全面的に排除されればよいものでもなく、誤解をおそれずにいうなら、むしろ、発達段階の初期に繰り返される「けんか（して仲直りする）」経験、「いじわる（する／される）」経験の不足こそが、その先の深刻ないじめの原因のひとつになることもあるとさえ思われる。

そういえば、自称「元わるガキ」、「ほんまに、みんなとよう遊んだ」と自慢する中年男性がいた。彼は、意地悪も「よう、した」そうだ。「いまになって、ほんま、反省してますわ」と苦笑いする。ところがその悪童も「ワルサすればするほど、自分がかくれんぼなんかで鬼になったとき、ものすごい不安に襲われて、こわかった」らしい。おたがいのころの痛みをわかるにはまだ幼なすぎる子どもでも、その後、かつて人にしてしまった意地悪やワルサといまの胸のざわめきが、なにやら関係しているらしいと気づきだすのである。それは、こころの成長に大切なことだろう。

たしかにかごめかごめは、人の悪意を引き出してしまいやすい。しかし、子どもたちの集団が健全に機能しているときには、「こころの闇」を体験しつつも、それを超えて仲間関係を継続していく力がある。とくに異年齢集団は、構造に厚みがあり、内部で起こるさまざまな問題に対する調整能力をもっていた。集団を破壊するような危険から自分たちを守る力をそなえていたのである。

ところが今日、子どもたちの集団、たとえば学級のような集団は、拘束力は強いが、他者へのいたわりや相互支援ということではめっきり弱体化してきた。その結果起こるのが、いじめ・虐待である。ある学生はこんなふうに語ってくれた――

・だれもが意地悪な部分をもっていると思います。かごめかごめでは、それがあからさまにでると思います。はじめは小さな気持ちからだったのが、だんだんエスカレートしてしまう可能性もおおいに考えられます。そうなるのは、相手の心の痛みが分からない人だからです。このような遊びはまわりの人を思いやる心があるかどうかで変わります。子どもの心を豊かにできる援助や、ときにはルールも必要だと思いました。

いたずらに「闇」の体験を遠ざけたり封じ込めたりしてしまうと、感情が薄っぺらなものになってしまう。なぜなら感情は、体験することによってしか成熟しないから。ネガティブな感情も同様、それを体験しないと、厚みのある感情は育たない。閉じ込められた鬼は、一身に「闇」を背負いながら、人間のこころの闇を暴き出しているともいえよう。そして、それらを体験することによってだんだんと、子どものこころのなかに、人へのやさしさや思いやりが育ってくるのである。

繰り返しになるが、かごめかごめの構造は、正しく遊ばれないとたちまち陰湿ないじめに堕してしまう危うさを孕んでいる。子どもたちの創造性はたくさんの遊びをつくりだし、改良し、後世に伝えてきた。しかし、その創造性が「悪」の領域に用いられるようになれば、せっかく長いあいだ継承されてきた伝承遊びに存続の危機が訪れる。

いざとなれば、大人たちがタダシイ遊びかたを伝授しよう。そんなおせっかいも、ときには必要だ。

攻撃性を成熟させる

これまでもとりあげてきたように、かごめかごめでは、鬼に対して向けられる攻撃性が問題になることがある。しかし、はたして「攻撃性」はわたしたちにとって、悪の代名詞、無用の長物なのだろうか。ここでは攻撃性の諸相を探ってみたい。

「あの人は攻撃的だから……」という言いかたは一般的に良い意味では使われない。他人からそんなふうに評価されると、「どうも気が短くて……」「けんかっぱやくて……」などと反省する人が多いのではないだろうか（なかには「みんなは、言いたいこともはっきり言わないだけじゃないか！」と反論する人もいるかもしれないけれど）。けれど、そもそも攻撃性とは、そんなに悪いものなのだろうか。

攻撃性と訳される英語に'agression'がある。攻撃的 agressive のもとになる単語だ。辞書をひくと、アグレッションには「侵略、攻撃」とあり、若干否定的なニュアンスを感じる。しかしアグレッシブとなると「積極的な、活動的な」ともあり、けっして否定的な意味だけに使われているのではないことがわかる。むしろ、自分をうちだし、妨害するものに立ち向かっていくという意味で肯定的にさえ使われている。それにひきかえ日本ではとかく「攻撃性」という概念の否定的な側面だけが強調されているような気がする。

野生のアグレッション

野生の世界では攻撃性の価値が顕著だ。肉食動物が獲物を捕獲する際に、攻撃性はなくてはならないものである。百獣の王ライオンといえども、飢えの日々をおくることもあれば、獲物を探して移動を続けるうちに、体力のないもの、とくに子どもは命を落とすこともある。野生の肉食動物にとって攻撃性は、まさに生命力そのものなのだろう。

肉食動物に狙われた草食動物もまた攻撃性を発揮する。あるときは自分自身の生存をかけて。あるときは、自分の子どもたちを敵から守るために。かれらは必死で逃げ、応戦して、敵の攻撃に立ち向かう。攻撃性に乏しいものは、おそらく厳しい野生の世界では生きていくことが難しいだろう。必要なときに、生き物は闘わなければならないのである。

ただし動物の攻撃性はけっして無秩序ではない。動物には、個体保存の本能と種族保存の本能がある。つまり、自分自身の生命を守ろうとする本能と、同種の生命を維持しようとする本能だ。繁殖期に一頭のメスをめぐって二頭のオスが争うということがあるが、致命傷に至らないうちに決着がつく。空腹を満たすためにシマウマを殺して食べることはあっても、ライオンどうしで無意味な殺生をすることはない。ヌーを襲うばあいでも、自分たちが食べるのに必要な分を確保するだけで、それ以上の捕獲はない。あくまでも本能に導かれた生存のための殺生であって、無用の殺し合いはしないのである。

こんな例もある。以前テレビで北極グマの越冬の様子が放映された。厚い氷で閉ざされる冬場、クマはアザラシを捕ることができない。かれらは数ヵ月ものあいだ、厳寒のなか、なにも食べず、ひたすら飢えと闘いながら暮らすのだという。乳飲み子を連れた母グマなど、三〇〇キロあった体重が冬のあいだに一五〇キロにまで落ちるという苛酷さだ。もちろんなかには力尽きて死ぬものもいる。やがて、飢えの窮みに達したクマのあいだには、共食いの危険さえ生じてきた。

個体保存への欲求が種族保存の本能を越えるのかと、わたしは一瞬、息をのんだ。ところがその直後、二頭のクマは、その攻撃性を、殺しに至らない取っ組み合いへと変えたのである。体力を消耗しつくさない程度にからみ合い、ちょっとした噛み傷をたがいに残しただけで、二頭は離れていった。攻撃性を適度に発散させるに留めるという知恵、そして、本能に支えられた秩序がそこにはあった。動物の攻撃性は自分たちを生かすためにある、ということがよくわかるエピソードである。

ヒトとしての野生

このように動物の立場で考えると、攻撃性は自分の生命を維持するために必要でこそあれ、けっして悪ではないことがよくわかる。すると、わたしたちヒトもまた動物であり自然の一部であることを思えば、必要なものとして攻撃性が生来的にそなわっていてもおかしくない。人間においても攻撃性は「敵意」とか「暴力」や「残虐性」だけを指すのではないだろう。なぜなら攻撃性は本来、多様な効果をもった生命の躍動なのだから。

ただ問題なのは、ヒトの攻撃性は、他の動物のようには本能でコントロールされていないということ。動物は同種間で殺し合いをしないが、わたしたち人間の歴史では、しばしば血なまぐさい殺戮が行われてきた。戦争・犯罪・差別・迫害などはその代表的なものだ。また、攻撃性が自分自身に向けられたときには、自殺という手段がとられることもある。

こうした問題について、脳生理学からはつぎのように述べられる。(1)

ライオンは、食欲をみたすためにシマウマを倒すが、ライオン同士の争いでは、仲間を決して殺さない。ところが、わたしたち人間は、ホモ・サピエンス（知恵ある人）という同じ種属でありながら、お互いに殺しあいをしている。……（中略）……なぜなのだろうか。幸か不幸か、個性をうみだし、わたしたちをして自主的に行動させる新皮質の前頭連合野があまりにもよく発達したためである。

ヒトは脳＝精神を発達させたことによって、もはや本能だけでは生きられなくなった。「本能が壊れてしまった」と表現する人もいるくらいである。人間が、本能にプログラムされた反応だけで生きられたら、きっと、誤った攻撃性は現れてこないだろう。しかし、わたしたちは一人ひとりが個性的な考えかたをし主体的に行動する脳の構造をもっているがために、行き過ぎた攻撃性を発揮してしまうことがある。ヒトの攻撃性が他の動物と異なるのは、皮肉なことに、すぐれて人間的なことでもある。まさに幸か不幸か、といえるだろう。

攻撃性の悪い側面だけを発揮し最悪の事態を招いた人物の代表として、ヒトラーやスターリンをあげる人もいる。(2) 独裁者のみならず、わたしたち日本国民もかつて、戦争というかたちで同様の加害者となり、はたまた被害者となった。攻撃性が人間たるゆえの悪の要素「破壊性」と結びついたとき、身も凍るような悲劇が起こるのである。

しかし、だからといって、人間のなかの攻撃性をすべて否定してしまうのも短絡にすぎるだろう。攻撃性そのものは、わたしたちの「内なる自然」であり、善でも悪でもない。

なのに攻撃性を悪いものと決めつけて抑圧してしまうと、それはこころの深いところに、暗い淀みとなって沈殿していく。それは力を失ったわけではなく、ただ閉じ込められているにすぎない。よほど精神修業を積んだ人でないかぎり、それは、いつなんどき浮上するやもしれない。のみならず、抑圧され蓄積された攻撃性は、エネルギーを貯め込んでいるため、大きな破壊力をもつことがある。否定的な側面として抑えこまれた攻撃性は、当人も他人も傷つくような、不幸な結果を招きかねないのだ。

攻撃性は人間にとって、一種の感情として、あるいは感情を伴う衝動として、体験される。感情はどんなものでも、抑圧するだけでは根本的な解決にならない。抑えようとしてばかりでは、そのエネルギーをプラスの方向に用いることもできない。

わたしたちにとって大切なのは、まず、攻撃性を「みずからの自然な性質」として受けとめることではないだろうか。そのうえで、それが破壊的にはたらかないようコントロールする術を、日々の生活のなかで学んでいくことである。小さな成功と失敗の積み重ねがあってこそ、攻撃性は、わたしたちの生を活性化するものとして成熟していくはずである。

人間ならではの攻撃性

それでは、日常生活の場面ではどんなことが攻撃性として受けとめられるのだろうか。

人間の攻撃性には、①外にむけられたもの、②一部は外に、一部は自分自身にむけられたもの、③もっぱら自分自身にむけられたもの、の三種類があるという[3]――

① 真っ赤になって怒る、口論する、泣きわめく、ののしる、悪口をいう、いじめる、暴力に訴える、(屈折した現れ方をするものとして)人をあやつる、だます。

② 時間に遅れる、怠慢である、ふてくされる、すねる、頑固である、黙秘を続ける、恨む。

③ 抑鬱状態、自殺。

①については、「あやつる、だます」を除いて誰もがすんなりと頷くことができよう。ところが②となると、なかなかピンとこない。言われてはじめて、①ほどストレートではないものの攻撃性であるということに気がつく。たしかに、口角泡を飛ばして口論はせずとも、てこでも動かない頑固な人には、ほとほとまいることがある。①が矢なら、②は石のような攻撃性ともいえようか。そして③は自分に向けられた破壊性であるが、執拗ないじめにあった子どもが相手への強烈な恨みを残して自殺するばあいのように、それは外部に向かって放たれることもあるかもしれない。いずれにしてもこれらは「破壊性」のイメージをもつ攻撃性である。

しかし一方で、人間にとってプラスのはたらきをする攻撃性もあるという――

・赤ん坊が空腹や不快を訴えて大声で泣く。
・子どもが跳び箱を飛ぶためになんども練習する。
・少年が受験の合格をめざして日夜勉強に励む。
・ビジネスマンがプロジェクトの成功のために時を忘れて働く。
・市民グループが政治家の不正に抗議する。
・オリンピックで各国代表の選手が技や力を競う。

わたしたちは自分の経験も含めて、たくさんの例をあげることができるだろう。生命の維持、目標にむけての努力、夢へのチャレンジ、芸術的・科学的創造、環境の克服、平和的競争などが行われるとき、攻撃性はプラスのかたちであらわれている。このとき攻撃性は、行動の原動力であり、生命力や愛、創造性の源となっている。なかには「攻撃的でない人間はおよそ人間とはいえない」といいきる人もいるほどだ。(4)

ところで、おしなべて日本人は穏やかさを好む。物腰が柔らかく、自分を強く出し過ぎず、周りとうまく協調できる人は、多くのばあい良い印象を与える。なるほど、相手をやりこめるだけが目的のような態度は洗練されているとはいえないし、いくら正しいことを訴えたとしても、印象が悪ければ、せっかくのアイディアも殺されかねないだろう。

しかし自分の言いたいことも言えず、さりとてすんなり諦めることもできず、あとで悶々とするようでは、精神衛生によいわけがない。また、いろいろな場面できちんと自分を主張できるようになることは、ひとつの人格をもった人間として大切なことでもある。ばあいによっては、一歩も譲らない強い態度を示したり激論をたたかわせてよいだろう。なぜなら、言うべきことを言わなかった悔しさに泣いたり、陰でブツブツこぼしたり、人の悪口を言うより、そのほうがずっと健全でフェアだから。

以前、アメリカから帰国する際、借りていたアパートのことで、不動産会社の女性従業員と激しい言い合いになったことがある(それまでの一年間は問題もなく「いい関係」だった)。かなり長い議論の末、両者の折衷策をとることで一件落着となったが、わたしは慣れない言い合いのため、オフィスを出るときもカッカしていた。すると、その女性はわたしの後ろ姿にむかってこう言ったのだ——'Thank you very much for your business!'

これがアメリカ的社交辞令なのかもしれないが、そういう言葉を最後に口に出せるということに、わたしはひどく感心した。仕事上の議論とプライベートな関係とをこれほどはっきり区別できるのは、きっと社会でのトレーニングの結果だろう。日本人はそのような訓練ができていないので、日頃、自分を主張することがうまくない。たまたま勢いで激しい議論をしてしまったりすると、あとで気まずい雰囲気になってしまうのが常だ。それがいやで、必要な議論までついつい避けてしまうのも、よくあることだ。

自分の攻撃性を抑えすぎないように心掛けること。じょうずに自己主張し、相手の主張に対してもこころを開いて受けとめられるようになること。感情だけに動かされて議論をしないこと。議論が終わったらさっぱりとプライベートな関係に戻るようにすること。このようなことには、やはり日頃からのトレーニングや努力が大切だと思う。

学校の授業においても、もっと発表やディスカッションなどをとりいれて、人前で自分の考えを述べたり、自由な意見交換をする経験を積むことが必要だろう。国際化とは、英語が話せるようになることではない。一人ひとり異なる人間がおたがいを理解し合うことのできる精神を養うことが先決である。そのためには、まず自分自身がかけがえのない人間として自立し、他者とかかわり合えるようになることが肝要である。

ただしい怒りとは

さて、攻撃性を生じさせる背景には、たいてい怒りがある。

これも一般的にネガティヴな感情とされているようだ。しかし（たいした理由もなくいつも怒ってばかりいる人は論外として）、憤らねばならないときに、ただじっとしているだけというのは、はたしてどうであろうか。それは、聖書にある「あなたの頰を打つ者には、もう一方の頰をも向けなさい(5)」とは、すこし意味あいが違うように思われる。

わたしたちには正当な怒りというものがある。自分自身や家族・共同体・社会のなかの不正や不公平、生命を脅かす出来事などには、毅然として怒るべきだろう。ただしそれには時と場合がある。大きな怒りのエネルギーを解き放つまえにはおそらく、さまざま段階があるはずだ。眺めていること、耐えていること、説得すること、訴えること……など、その場その時にふさわしい方法を試みなければならない。怒りを発するのは、それらすべてが無効であったと確信するときである。

ここに「枯れた木々」というお話がある(6)——

——短気なためその人の人生において何よりも良い友人を失い、時間をむだにしていた人がいました。彼はぼろをまとった老人に近寄り、「どのようにしたらこの怒りの悪魔を支配できるのでしょう」と聞きました。老人は若い男に、はるかかなたの砂漠にある小さな干からびたオアシスに自分自身をおくように、そして枯れた木々に囲まれてすわり、そこに勇ましくもやってくる旅行者のために塩辛い水を汲み上げるようにといいました。

——そして男は自分の怒りを静めようとして、その枯れた木々の場所に向かいました。何か月もの間、空を舞う砂ぼこりを防ぐバーヌーズ、長い衣服を着て彼は酸っぱい水を汲み、近づく人すべてにそれを与えていました。何年もの年月がたっていきました。そして彼はもはや癇癪《かんしゃく》の発作に襲われることはなくなっていました。

──ある日、この乾いたオアシスにラクダに乗った人がやってきました。その人はボウルに水を入れ差し出した男に傲慢なまなざしを投げかけ、その濁った水を鼻先で笑い、そのまま旅をつづけようとしました。水を差し出した男はたちまち烈火のごとく怒り、何も見えなくなって、ラクダから相手をひきずりおろし、即座に殺してしまいました。ああ、自分はこのような怒りに引きずり回されたのだとすぐに彼は後悔しました。そして結果はどうなったでしょう。

──突然猛スピードでまた別の男がやって来ました。その乗り手は死んだ男の顔を見てこう叫びました。「アラーの神に感謝を！　王を殺しに行こうとしている男を殺してくれたのだ」。そしてこの瞬間、オアシスの泥水は澄んだ甘い水に変わりました。そしてオアシスの枯れた木々は緑に輝き、楽しげな花々で四方はあふれていました。


これはけっして殺人を正当化したお話ではない（物語は象徴的に読むべきだろう）。怒りにとらわれた男は、そのことのまずさを身にしみて知っていた。「わかってはいるけれど、どうすることもできない」のは、弱さをもったわたしたちにはよくあることだ。しかし、まずはそのことを認識し、向き合わなければならない（ほとほと自分に嫌気がさすほどに）。そこからしかすべては始まらないのだ。そして、ちっぽけな「私」を放棄して、魂のフィクサー、大いなるものに我と我が身を委ねるとき、わたしたちの生は導かれる。

この男は、知恵者のようにはみえない、ぼろをまとった老人に相談した。その結果、男は、ふつうなら「そんな無為なことを」というような営みを、言われるままに、疑いもせず、しかも長いあいだ実行することになる。その日々は、こころを鎮め、乾いたところで水を与え、他人の生のために仕え、魂を養いながら、怒りについて学ぶ試練の時であった。怒りを含めて、あらゆる感情は人間を人間らしくさせ、外界に対して能動的に反応させる。けっして無駄なものではないし、ましてや悪でもない。しかし近代人の自我は、ほんとうの意味での野生から切り離されているため、自分の感情との適当な関係を見失いがちである。この男も、怒りにとり憑かれてしまった。

ところが彼は、そんな自分から逃げださず、砂漠で野生をとり戻す努力をした。やがて、ほんとうに怒らなければならない時がやってくる。この男は「直感」という能力（内なる自然）に命じられ、怒りを爆発させる。彼の自我はもはや野生との関係を回復しており、その行為は間違っていなかった。つまりこの物語は、「無差別に怒りを刈り取ってしまうのではなく、正しい時は怒れ」(7)、与えられた感情を時にかなって用いよ、と教えているのである。

正当な怒りは、子どもたちに対しても発せられるべきだ。連日報道される少年少女の犯罪に眉をひそめる人は多いと思う。しかしそれは、「特別なかれらだけ」の問題ではない。大人が子どもにきちんと向きあって、怒るべきときには真剣に怒ることが必要だろう。大人が子どもとの葛藤を避けて逃げていては、なんの解決も生まれない。子どもの側も、そのような対応を望んでいるはずである。

怒りはけっして「憎しみ」と同義ではない。「ほんものの怒り」は、愛情や、人間としての誇りや、相手への誠実さから発せられる。そして、それらの対極にあるのが「無関心」。子どもたちを愛していると言いながら、葛藤を避けるため無関心を装っている親はいないだろうか。

本来、人間の魂は倫理的な傾向をもっている、と思う。少なくとも子どもの内なる自然は、太陽に向かって育とうとしている。子どもの魂がもつ向日性を信じて、わたしたち大人は、ほんものの援助をしたい。そのためには、まずわたしたち一人ひとりが、健康な野生、内なる自然をとりもどすことが先決だろう。

アグレッションの抑圧

日本では攻撃的であることがよしとされない。大人の言うことをよく聞く子ども、反抗的でなく素直な子ども、従順な子どもが、親や教師にうけがいい。いわゆる「よい子」だ。

幼児の反抗期について考えてみよう。(8) 三歳前後になると、それまで母親との世界に溶け込んで自他の境界線があいまいだったかれらのなかで、意識の中心が明確になってくる。

これが「自我」の誕生である。それまでは他人が呼ぶように自分を「〜ちゃん」と称していた子が、ワタシ・ボクを使用しだすのもこの頃からだ。自分と他人が別の存在であることに目覚め、母親との「二人にしてひとり」の世界から抜け出し、ワタシ・ボクとして生きはじめる。たとえば、うまくできないくせに、親の助けを拒否して独力で行動しようとしたり、決めたことを頑固に押し通そうとしたりするようになる。親にしてみれば、これまで自分の援助や意志を自然に受けとめていた我が子が、突然、気難しく扱いにくい子どもになったようにみえる。

しかし子どもの側からすると、それはたんなる反抗やわがままではない。芽生えた「私」が主張して、みずからの主体性の獲得にむけて奮闘しているのだ。ただ、子どもの内側から突き上げてくる成長への欲求に比して、心身の発達がはなはだ未熟なので、親にはわがままや反抗と映るのである（思えば「反抗期」という呼称じたい、ずいぶんと大人の立場に片寄ったものだ）。

かくして子どもが「個」として生きるには、とりあえず、目の前の親から分離することが第一段階となる。

ところが昨今の親子関係は、分離というより、ある意味でますます密着の度を増している。その理由としては、共同体の解体、核家族化、受験で強められた親子のスクラム、遊び集団の崩壊など、いくつもの要因の重なり合いが指摘されている。次第に閉じられていく世界のなかで、子どもはみずからの生き残り策として、「いい子」でありつづけることを選んでいるかのようにもみえる。親のもとにいるかぎり守られ、与えられ、甘えていられる。それは居心地のよい世界だろう。

しかし一方で、親から自立した「個」であろうとする欲求もある。それらは、自室での「おこもり」や、インターネットや、ケイタイ文化などを育てた。あたかも、「繭」を出ることなく他人との関係を結び、親とは異なる世界を経験することによって、かろうじて「個」であることの欲求を満たしているかのようである。

このような生活環境のなかで子どもは、ストレートな攻撃性を発揮する術よりも、「こっそりうまくやっていく」術を身につけていくのではないだろうか。親に対しては「いい子」を演じ、仲間とは適当な距離と社交で「差し障りのない軽い関係」をつくる。そこには、しっかり相手と向き合った関係はない。いまとなっては子どもの世界に、明確な親への自己主張や反抗、仲間との競争、可能性をかけた冒険などは見つけにくくなった。しかしそれでは、子どもの「内なる自然」は抑圧されるばかりである。自分の生を積極的に生き、みずからの人生を創造してゆくためにも、ストレートな攻撃性の体験は必要なはずなのだが……。

抑圧された攻撃性はつねに出口を求めている。屈折した攻撃性が現代社会において、いじめや、おやじ狩り、薬物依存、援助交際などの表現方法をとっているとしたら、それはもはや「暴力性」に変容している。そこにあるのは、人生へのチャレンジでも創造性でもなく、他人や自分を傷つける「破壊性」なのだ。昨今のさまざまな子どもの事件を目の当たりにして大人たちはますます神経質になり、かれらの「攻撃性」を悪と決めつけてしまいがちだが、冷静に考えることなく頭から否定してしまっては、むしろ子どもの自然な成熟を阻んでしまうのではないだろうか。

そこで、子どもが攻撃性を発散させエネルギーに変えるには「群れ遊び」の経験がとても有効だ。なぜなら、かくれんぼう、鬼ごっこ、陣とりなど、昔から遊び継がれてきた集団遊戯では、「良性の激情」を体験できるから。追い、追われ、逃げ、隠れ、走り、捕まえる。大声で叫び、お腹をかかえて笑い、必死に負けまいとする。こんな激しい感情が、遊びのなかではうまく生かされるのである。そして、肌と肌を触れ合わせ、頭だけでは理解できない人と人との関係のもちかた、自分の感情のコントロールのしかたを体得してゆくのである。

喧嘩もわるくない。わたしは、小さな子どもが顔と顔をつき合わせて口論している姿を見ると、「いいなぁ」と思ってしまう。かれらは一生懸命、自分を主張し合っている。まずそれが大事だろう。そんな喧嘩を重ねていくうちに、自分を抑えたり、他人の言い分を聞く耳がもてたりするようになるのだ。

集団には、一人ではとうてい出来ないことをやりやすくさせたり、逆に、自分だけではけっしてやらないようなことをついさせてしまう力がある。遊びは、人間の感情に形を与える。群れ遊びが引きだすさまざまな感情を、子どもたちは生身で体験し、それらを「ほんとうに知る」のだ。

たとえば虫捕りをとってみよう。かれらはそのなかで、獲物を狩る動物の攻撃性を経験する。ライオンとちがってそれを食べるわけではないので、殺して埋めたり、羽や脚をむしったりするかもしれない。たしかにそれは「いのちを大切に」というスローガンには反する。しかし、そこで大人が一方的に「ザンコク!」とレッテルを貼ってしまうと、そんなつもりなどさらさらない子どもに、よけいな罪悪感を植えつけてしまうことにはならないだろうか。

社会がつくった常識感覚や教育的配慮、薄っぺらな道徳主義ばかりが先行すると、子どもたち、そしてわたしたちの素朴な「内なる自然」は傷つけられてしまいかねない。さりとて、ちょっぴり残酷な虫遊びをあえて奨励する必要もない。要は大人が、ひとりの人間としての価値観を、大人どうしで、また子どもたちに、きちんと示していくことこそが大切なのだ。

いずれにせよ、子どもの、そしてわたしたちの素朴で健康的な攻撃性は、遊びや仲間関係のなかで経験されなければならない。それによって、粗削りな感情が「成熟」へと向かってゆくのである。

〇〇ちゃん！
あたったあ！

聖なる時空への回帰

みんなで一緒に歌いめぐるのは愉しい。

そこには、仲間とひとつになって、からだとこころを溶け合わせる素朴な喜びと心地よさがある。

わたしの記憶では、強い「私」をもつことを早くから教育されるアメリカにおいてさえ、地域の広報誌には、こころを病む人、問題を抱える人の自助グループがたくさん名を連ねていた。あまりにも個に分断された社会だからこそ、「人がともに生きること」のありかたを模索していたのかもしれない。

現代社会では、おたがいが安らぎ、慰められ、励まされ、癒されるような「ほんとうの繋がり」が求められている。これは、わたしたちみんなに共通の願いだろう。

孤独のたましい

数年前にテレビで「現代人と癒し」という特集が組まれ、その第一回は「スリランカの悪魔祓い」として、現代医療が学ぶべきホリスティックな癒しが紹介されていた。

スリランカ南部では、病院の治療では治らない心身症や神経症などは悪魔がとり憑いたからだと信じられている。現地のほとんどの人は仏教徒であり、その信仰を基盤として伝統的な治療が行われる。呪術師が患者にとり憑いた悪魔をブッダの力で祓うというものだが、それは儀礼であり、祭りである。夜を徹して（なんと十二時間も）ドラムを打ち鳴らし、仮面劇を演じ、悪魔とのかけあい漫才をし、最後は参加者全員の笑いで終わる。瞠目すべきは、村人が総出で準備を手伝い、老若男女みなが祭りに参加し、一緒に患者の癒しを行うことだ。かれらは「同じ村に住んでいるのだからあたりまえ」だという。

悪魔祓いの儀礼は、「孤独な魂に悪魔が宿る」という信仰に基づいている。なんと素朴な信仰でありながら、なんと人間の生の本質をついていることか。孤立し、無力感にうちひしがれている患者の魂を、みんなが一緒になって同じ場に集い、呪術師の治療をとおして、ふたたび生き生きとした共同性のなかに呼び戻していくのである。そこでは神話が再現され、ブッダの力によって悪魔が祓われていくプロセスがじつに分かりやすく表現され、患者をはじめ全員がそれをイメージの領域で体験し、実感することができる。祭りの歓喜と興奮が充溢する癒しの場で、村人の魂はひとつに結ばれ、全員のエネルギーが患者を癒しへと導いていく。

大病院の待合室で長い長いあいだ待たされ、やっと診察室にたどりついてたった三分間の診察を受けるわたしたちの医療とはずいぶん違っている。もちろん西洋医学的な治療が有効なこともあるが、それによっても癒されないときは、悪魔祓いの出番だ。「こころと身体はひとつ」という考えかたのホリスティック医療では、治療と癒しを異なるものとしてとらえている。

「治療」とは、外的因子ないし力を投薬や手術・照射・理学療法といったかたちで利用し、疾患の徴候や症状の消失・軽減を目指して人体を操作するものである。わたしたちがふつう病院を訪れるのは、このような治療を求めてであろう。それに比して、昨今注目を集めている「癒し」とは、こころと身体のさまざまな自己治癒力を利用して、その人に固有のバランスや調和を取り戻すアプローチである。

最近では日本でも、これまでの西洋医学だけではなく、東洋的あるいはオールタナティブな医療（代替医療）を好む人も増えている。身近なものとしては、鍼灸、マッサージ、背骨や骨盤の矯正などを経験している人は多いだろう。アメリカでは「癒し」の考えかたをとりいれた精神神経免疫学という領域が盛んになってきているそうだ。こころ（心理学）

と脳（神経学）、そして体にそなわっている自然治癒系（免疫学）の各分野を統合したもので、そこでは、スリランカの悪魔祓いにみられるような「場と人間の免疫力や自己治癒力との関係」が明らかにされつつある。

遠い昔、たとえばギリシャの神殿においても、人間のこころと身体を切り離さず、相互に影響しあう統一体としてとらえた癒しが営まれていたという(1)——

> この全体的ホリスティックな見方は、ギリシャ・ヒューマニズム（人間至上主義）に必須の側面であり、科学、芸術、哲学、ユーモア、霊性——ストレスを調和に、怒りを平和に、絶望を希望に、精神的無気力を可能性に、孤立をコミュニティに変える——を織り込んだホリスティックな癒しの実践が当然の展開をみることになった。（傍点は引用者）

現代のスリランカと古代ギリシャは、みごとなまでにあい通じている。わたしたちは近代西洋医学の恩恵を享受するとともに、古代や南の島の癒しにも学ばなければならないのではなかろうか。なぜならそこには、たんなる医療の領域にとどまらず、人間すべてに通底する、生きるための知恵があるから。

近代化は、人間の自我‐意識を発達させ、個の存在をクローズアップさせてきた。

今日の教育においても、「個性を尊重する」ことが創造的な人間の育成には不可欠だとされている。たしかにそれは「一人ひとりを大切にする」という意味ではきわめて教育的な考えかたである。問題は、その一方で、あいも変わらず学校がクラスという「集団」の運営に躍起になっていることだろう。西欧的な人間観と日本的な教育方法がせめぎあい、なかなか行く先が定まらない。そんななかにあって、子どもたちの人間関係は緊張を帯びるばかりである。

教室内ではいじめがはびこり、子どもはそのターゲットにならないようアンテナをはりめぐらせ、適当な親しさと距離のバランスにこころを配る。ある女の子は『学校から帰ったら、クラスの友だちとは遊ばない』と言っていた。学校も放課後もいっしょでは『疲れるから』だそうだ。そんな環境では、自分のなかに育ちつつある「個」が、それを充分に表現できないまま、「透明な存在」になるしかないのかもしれない。

たしかに集団はしばしば、わたしたちを煩らわせる。悩みや苦しみも、多くはそこに起因している。さりとてわたしたちは、一人で生きていくことはできない。周囲の人びとから孤立している状態は、たとえそうせざるを得ない心理状態だからだとしても、やはり、つらいものだ。こころがどうしようもなく塞ぐとき、友人や職場の仲間、近所の人から何気ない暖かな言葉をかけられて、こころに風が通ることがある。なんらかの共同性のなかに身を置くことは、厄介なことばかりでもない。

生きるということにはさまざまな矛盾がはらんでいて、わたしたちはそこにいろいろな葛藤をいだく。けれども、その矛盾を精一杯に生きるところにこそ「ほんものの関係」が生まれ、育まれるのではないだろうか。そうしてはじめて、わたしたちは自分を癒し、他者を癒す力を蓄えることができるのだと思う。

あるハレた日に

ところで「癒し」との関連で忘れてはならないものに、祭りがある。スリランカの悪魔祓いも、儀礼であるとどうじに祭りであった。祭りとは、今日のお洒落で華やかなイベントとは違い、もともとは、人びとの生活に密着した素朴な宗教儀礼だった。わが国においては、それは自然信仰や仏教、神道、陰陽道、修験道などの宗教にもとづいていた。ただし、ひとくちに祭りといっても、「祭り」と「祭礼」は歴史的にみて異なる。

「祭礼」は権力が政策の一環として執り行っていたものであり、その舞台としては神社のある特定の行事が選ばれた。そこへの動員数は権力への支持や人気のバロメーターにもなるので、費用をかけ華やかに演出されたものとなり、集客力のある見物や催し、商品などが用意された。

一方「祭り」は人びとが神と交流する真摯な営みだった。もちろん見物人もお断りだ。

神への祈願はたくさんあろうが、たとえば、日々の暮らしや家族の健康が守られるように、人生に訪れるさまざまな危機を回避させてもらえるように、と祈りが捧げられたことだろう。それは、非日常の時空で神と人が接触し交信する、厳粛な場だったのである。

　ある民俗学者も、ふるさとでの幼少時代の経験を振り返りつつ、生活に根づいていた諸々の年中行事こそが祭りの原点だと語っている。[2] 一月十五日の小正月に始まり、数々の行事が家族内、あるいは共同体で行われ、これらの行事を節目としながら一年や一生があったのである。年中行事は人間教育の機会、人生儀礼、労働と休息のリズム、など多くの役割を担っていた。それぞれが、神仏との交流をとおして無病息災・家内安全・五穀豊穣などを祈願する信仰行事であり、人びとの暮らしを支えてきたのである。

　祭りや年中行事などの特別な日は「ハレ」の日とよばれるが、ほかにも「ケ－ケガレ」という観念があり、これらは循環する構造をもっている。「ケ」は日常生活を意味し、その暮らしのなかで人びとはエネルギーを消費している。ところが、エネルギーが枯渇してくると、「ケガレ」の状態へと移行する。ケ（エネルギー）が枯れるのだ。だから人びとは、非日常的な時空を準備し、枯渇したエネルギーを補給するための祭りや行事を行う。そうしてエネルギーが回復してくるという考えかたである。

　現代を生きるわたしたちも、毎日の労働に明け暮れてばかりいると、エネルギーを消耗し、あげくは心身ともに疲れはてるだろう。かつて村社会では、ハレの日の行事が、そのエネルギーを再生産する役割を果たしてきたのだ。ハレの日の、普段とは違う着物や食べ物、行為、意識、興奮などが、日頃の質素な生活と労働で色あせた人びとのこころを慰め、楽しませ、沸き立たせたのである。そして、共同体をあげて執り行われる祭りこそ、ハレの日の代表だった。

都市化とともに祭りを失ったわたしたち現代人は、どんなハレの日を過ごしているだろうか。いつもよりたくさん寝る、いつもより長時間テレビを見る、飲みに行く、カラオケで歌う、読書をする、芝居を観る、映画を観る、音楽会へ行く、スポーツ観戦に行く、遊園地へ行く、郊外へでかける、絵を描く、釣りに行く、ゴルフをする、買い物をする、旅行に行く……。あげればきりがないほど多種多様な休息や趣味、遊びがある。

つまり現代人にとってハレの日は、個人もしくは小集団でつくりだす非日常的な時空である。おかげで、個人的祝祭をサポートする「ハレの日産業」も急成長した。共同体の崩壊という歴史的必然上、これはこれでよしとしよう。しかし、せっかく個人的祝祭を執り行ったのに、そのせいで余計に疲れてしまったのでは意味がない。また、ハレの日が日常化している人たちにとっては、それ以上のハレの日を設けなければならなくなってくる。これはもう「ハレハレの状況」である。

真の共同性への回帰と癒しという観点からは、ハレの日はおおいに機能する、だからやはり、かつてのような祭りは捨てがたい。

わたしは福岡県出身だが、いまでも七月になると、博多山笠を報じるニュースにこころが踊る。祭りのクライマックス、追い山（櫛田神社を出発点として山鉾をかついで走り、その速さを競う）の場面になると、『あぁ、博多はよかねぇ！』と血が沸きたつ。「のぼせもん」の博多っ子は、一年かけて準備をしながら七月がくるのを心待ちにする。わたしの知人なんぞは、大学卒業後、勤務先が青森県になったが、毎年、夏には祭りのためにすっとんで帰っていた（そしてしばらくすると、「やっぱり山笠のあるけん博多たい」とかなんとか言って会社を辞め、ふたたび博多の人となってしまった）。

祭りのための寄り合いや、具体的な準備、資金集めなど準備のプロセスでは、面倒なことも多いだろう。しかしどうじに、参加者はそれをとおして育てられる。人との結びつきや連帯感、伝統や歴史とのつながり、祭りを成し遂げる喜びと満足感、地域への愛情や誇りなど、たくさんの糧を得ることができる。一年間待ちに待ち、精進潔斎して迎える祭りは、日常から人びとを解き放ち、そっくり非日常的時空のなかに誘う。聖なる緊張と興奮と歓喜、身体接触とこころの一体感……、それが癒しでなくて、いったいなんであろうか。

毎日がハレ、消費することがハレ、人びとの結びつきから疎外されたハレ。現代の祭りは、なんとたよりなく、そこここを彷徨っていることであろう。それはあたかも、現代人の魂そのもののようでもある。人びとが彷徨い共同体が崩れれば、そこにあった祭りも消滅する。そしていまでは、祭りのないところを故郷とする人びとがたくさんいる。

そうであれば、新しく祭りをつくるしかないだろう。「村おこし」「町づくり」「地域おこし」のイベントでも、できるだけその地域にある歴史や伝統、特色などの地域資産と結びつけながら、共通のイメージを築きあげる。そうした営みを毎年まいとし継続していると、いつしか担い手も育ち、地域に根づいていくかもしれない。

最近では、出張祭りというか、遠隔地祭りの様相を呈するものもあって、たとえば「祭り・イン・ハワイ」などといったイベントが人気をよんでいるらしい。「参加者がハッピを着て日本から持ち込んだ神輿を担ぎ、ハワイの通りを練り歩く。現地の観光客が陽気にはやしたてて雰囲気を盛り上げる。……（中略）……当初異様とも思えた光景がいまやすっかり定着してしまった」[3]のだそうだ。血縁や地縁を超えた人たちがリゾート地に繰り広げる祝祭的時空という、まったく新しい祭りのコンセプトがここにある。

個としての自由を享受しつつも、人とともに生きることへの渇きを覚えている現代。わたしたちには、癒しの場としての祭りが必要なのではないだろうか。たとえ出発点において神なき祭りであったとしても、それが「聖なる時空」になりえないとは誰にもいえない。

私とともに　人とともに

ＩＴ環境が新しいネットワークづくりに一役かっているのは周知のとおり。これは、地縁を越えた広範囲での仲間づくりにはたいへん有効だ。

闇をすくう掲示板

試みにわたしも、ある掲示板を覗いてみた。それは摂食障害に苦しむ人たちのものだったが、これほどたくさんの人が自分の状態や苦悩を打ちあけ合い、励まし合っているのかと、正直いって驚かされた。自分に合った精神科医を見つけるのがどんなに困難かが語られている。「自分にあわない医者なんかより掲示板での励まし合いや情報交換のほうがよっぽどいい」という感想まである。

多くは真夜中前後に発信されていた。電話では迷惑な時間帯にも送ることができ、読む側も可能なときにアクセスできるというのは、たしかに電子メールの利点だろう。

ただし掲示板はいくつかの点を心得ておかなければならない。まず、誰にとっても自分をありのままに語ることのできる「居場所」であること。同病の先輩格からの現実的なアドバイスがあること。ただの愚痴にならないように心掛けること。相手が見えなくても、おたがいの人格を尊重したやりとりが交わされること。自助グループとして成立させようとする努力があること。このように目的意識があり、モラルやマナーが守られたネットワークであれば、掲示板は、参加者にとって意味のある場となるかもしれない。

ほかに、シニアのホームページもあった。わたしたちは「とかく高齢者は機械に弱い」(中齢者のわたしもそうだが)という一般論に支配されがちだが、現実にはそうではない。最近はあちこちの新聞にも、好奇心旺盛で創造性豊かな高齢者の方々の試みがいくつも紹介されている。むしろ、思うように出歩くことができなくなった人にとっては、自宅に居ながらにして遠方の人と交流できるネットワークは、新しい出会いの場となるのだろう。

また、コミュニケーションだけではなく、最近では買い物やチケットの予約、銀行のサービスまで受けられるようになった。これは、障害をもつ人にとって、生活の範囲や可能性を広げることに役立つはずである。

最近はメールマガジンも活発なようだが、これも、文章による自己表現の新しいスタイルだろう。スポンサーがついて本格的な仕事になったり、他人との接触が困難な人が社会につながる手段になっているケースも紹介されていた。ほとんどの掲載文に対して読者からメッセージが送られている。書き手はそれによって「生活に張り合いができた」「思いを伝える場ができた」「自分の思いが支持され自信がついた」「共感できる人と知りあえた」という。

私らしく生きることへの不安、自分の想いに共感してほしい欲求、ありのままの私どうしのつながりへの希求、悩みや苦しみを共有したいという思い、孤独を分かち合いたいという願い……。ハイテクノロジーによって開かれていく「光」の世界がある一方で、現代人の求める人間関係、そしてこころの「闇」が、電子メディアのネットワークのなかに透けて見えるような気がする。若い人たちは、これらのネットワークをとおして、人とともに生きる新しい方法と可能性を模索しているのかもしれない。

あこがれと温もり

しかしながら、携帯電話や電子メールなどの道具が遠隔者とのコミュニケーションを気軽で便利にしたとはいえ、それで人間関係がすこぶる円滑で快適になったとはいえない。人と人との実際の距離をあまりにも忘れさせてしまうこれらの伝達方法は、相手の世界に容赦なく侵入してくる。しかもそれは肉声でなく、文字だ。声と声とのやりとりならばまだ、相互の意志が同時に確認できるが、電子メールの文字は情け容赦なく、相手に冷たく叩きつけられる。

それはときに凶器となる。わたしも実際に、あまり有難くない電子メールを続けざまに送りつけられたことがある。とてもコミュニケーションとはよべない、粗雑で乱暴な文章と内容だった。「手紙だったら、もうすこし時間をかけて言葉を探すだろうに……」と、悲しかった。

「レター」時代には多少ともこころや礼儀をこめることに努力が払われていたものだが、それが「メール」に変わったとたん、お手軽な伝達手段と成り下がった。情報としての「メッセージ」は、受け取る側も見たくなければ捨ててしまえばいいらしい。自分に好都合なものだけを残せばいいらしい。そこでは、私信を開封せずに破り捨てるとき（誰しも一度は敢行したことがあるだろう。が、二度はないのでは？）のような、あの身を切るような決断は不用である。

まして電子メールには、未知の人からの訳のわからぬものもあれば、破壊ウィルスを送りつける不届きなものまで混ざっている。用心深く我が身を守らなければならない。簡便な伝達道具は、わたしたちを緊張させ、警戒させるものでもあるのだ。

もうひとつ困ったことには、相手との物理的距離を瞬時に縮める携帯電話や電子メールは、「すぐにでも連絡をとりたい」「相手の都合にかまわず言いたいことを言いたい」という気持を助長させる。手軽であればあるほど実行は容易だ。この道具は、他人との大切な心理的距離をなしくずしにし、孤独への耐性を鈍らせ、熟考する機会を失わせる。現代人に大歓迎された最新ツールもまた、深い闇をかかえつつある。光はかならず、その背後に闇をつくりだす……。


阪神淡路大震災の折、被災地のわたしたちは、コミュニケーションをとろうにも手段がなかった。電話はほとんど通じない。電車も車も使えない。道路にも危険が一杯で歩けなかった。おたがいの無事を確認するのさえ容易ではない。だから、やっとのことで友人と会えたときには、涙がでるほどうれしかった。

しばらくして、あちらこちらの学校で登校日がもうけられた。家が全壊した一人の小学生が心配そうに先生に告げる――


『先生…… 教科書もってこれんかった……』

『あほ なにいうとんや おまえが元気でよかった ほんまによかった』

先生はこう言って、その子を抱きしめたという。

人と人とが「会う」というあたりまえのことが、こんなに有り難いものだということを、わたしたちは忘れようとしているのではないだろうか。それが人と人との関係の始まりであり、原点であるのに……。だからこそ若い人たちは、相手の見えないコミュニケーションに留まらず（それはそれでひとつのステップとして）、ぜひ、つぎの段階へ進んでほしい。インターネットで知り合った人と、実際に会ってみるのもいい。抱いていた勝手な幻想は崩れるかもしれないし、パソコンのようにうまく相手を操作することもできないだろうが、そこには、生身の付き合いにしかない「体温」と「身体感覚」がある。煩わしさを嫌って繭のなかに籠もっていれば傷つくことは少ないかもしれないが、それは人間の幸せではない。みずからの、おたがいの成熟をかけた出会いのなかにこそ、真の喜びがあるのではなかろうか。

ほんとうの癒し手

ニックネームで呼び合うストリートやクラブ、ハンドルネームでの通信、n×nメディア（不特定多数の人が出会う場）。傍らには、戸惑う親がおり、批判的な大人がいる。それらのもたらすさまざまな弊害も指摘されている。実際に凶悪な犯罪も後を立たず、いまや新しい社会問題をつくりだしている。

しかしそれらは特殊なケースでもある。また、なにもしないよりは、なにかをするほうがいい、とも考えられる。なぜなら匿名のコミュニケーションであっても、「他者との関係に向かう私」としての自然な欲求が、なにかを生み出す可能性はあるからだ。わたしの身近にも、ネットを通じてすばらしい出会いをした知人がいる。生身の付き合いを理想とするにしても、とりあえずいま出来ることからやってみるのも大切なのだろう。

その時代の生きにくさに負けず、自分と他者をあきらめない決断は大切だ。

近頃は「癒しブーム」なのだそうだ。

周りを見渡すと、いる、いる……癒し系の顔、癒し系のファッション、癒し系のおしゃべり。ある、ある……癒し系のお店、癒し系の家具、癒し系の書籍（わたしの書くものまで、癒し系と括られることもあるが、本書はあくまでも「闇」系だろう）。

たしかにこの流れは、地球規模で方向転換が始まっているこの時代にそぐわしい。ただ、すこし気になるのは、みんな得てして、自分がみずからを癒すというより、他者から「癒される」ことを求めているところだ（ひょっとすると流行りの電子メディア群も「与えられる癒し」風潮に一役かっているのかもしれない）。

そんな気がして思うに、わたしたちは癒されることを望むばかりではなく、みずからを「癒す」術を見つけることも必要ではないだろうか。

ある人は、疲れるとボリュームを一杯にして音楽を聴く。別の人は、一日じゅう釣り糸を垂れるという。楽器を演奏する人もいるかもしれない。小さな旅に出かける人もいるだろう。好きな小説を読むのもいい。かつて人びとは、そうやって自分自身を癒してきた。それはもしかすると、自分への深い信頼＝自信に支えられていないと難しいことなのかもしれない。

アメリカ先住民の古老の語りをもとにした、こんな詩がある(1)――

わたしは醜いものを眺めながら、そこに美しいものを見る。
はるかわが家を離れていながら、故郷の友だちに会う。
うるさい音を聞きながら、その中にコマドリの歌を聴く。
人込みの中にいても、感じるのは山の中の静けさだ。
悲しみの冬の中にいて、思い出すのは悦びの夏。
孤独の夜にあって、感謝の昼を生きる。
けれども悲しみが毛布のように広がり、もうそれしか見えなくなると
どこか高いところへ目をやって

現実のなかに大好きなものを想像する、自分自身の淋しさや悲しみを静かに眺める、ときには自分をじっと見つめる……、そんな生きかたがここに謳われている。そして、自分のなかにこそ「ほんとうの癒し手」がいることを教えてくれる。

願わくはわたしたちも、まずは自分でみずからを癒すことができるようになりたいものだ。深い闇の体験から滲みでた「私への信頼」に支えられながら。孤独や不安を超えて広がる「あなたへの信頼」を取り戻しながら。――なぜなら、そうした過程を経てはじめて、ほんとうに他人を癒す人となれるだろうから。

また、新しいネットワークや電子メディアをとおした出会いが「やさしさごっこ」や「傷のなめあい」にならないためにも、みずからの成熟をあきらめない姿勢が大事なのではないだろうか。その姿勢はきっと自分のなかに、他者をあきらめない強さを育てるだろう。――それが「人が人とともに在ろうとする」、そんな自然な生きかたの始まりとなるにちがいない。

人が人と一緒に居ることができ、くつろげたり、安心したりできること。それがほんとうの共同性ではないだろうか。

わたしたちはいつの時代にも、そんな仲間や場所を求めている。

○○ちゃん！　あたったぁ！

おわりに

伝承遊びは多くのものが、その内奥に光と闇をかかえている。かごめかごめもまた、まこと暖かな光と、まこと暗い闇をかかえもつ。その微妙な陰翳が、複雑な感情を体験させてくれる。いうならば「人間存在の真実」がほのめかされているのだ。子どもは戯れながら、おぼろげにその真実を受けとめていく。それはときに切なく、ときにほろ苦い思い出として、わたしたちの子ども時代を彩っている。

人とともに生きることには、いろいろな煩わしさ、さまざまな苦労がともなう。誤解があり、裏切りがあり、かけひきがあり、競争があり、差別がある。相手を思いやるのはなんと難しいことか。自分を主張するのになんと勇気がいることか。愛するものどうしでさえ傷つけあい、憎悪をうみ、離別がおこる。わたしたちは何度も、そうした苦い思いや痛い目を経験しながら、それでも、他者を求める。

なぜなら、人とともに在ること、他者を恋うことが、人間の生の本質のひとつだから。そのなかで成熟を実現しようとすることは、自分を世界に投げ出し、そのまっただなかで生きようとすることでもある。

子どもといえども、「人とともに生きる」ことから自由ではない。だからこそ子ども時代に、さまざまな群れ遊びをとおして、人とのかかわりの根本を経験することが大事なのだ。もちろんそこには闇の経験も含まれる。明るげな子どもの世界にあっても、闇を払拭してしまうことは不可能だし、そういった現実から目を背けることは、自然ではない。

人間のこころの光と闇――うれしさと哀しさ、たのしさと切なさ、やさしさと意地悪さ、暖かさと冷たさ……それらすべてを味わいつつ、それでも仲間と一緒にいることの悦びを経験する。これこそが、かごめかごめを遊ぶことの意味ではないだろうか。かごめかごめは、仲間と手をつなぎ、歌い、めぐりながら、人とともに在ることの光を教え、鬼の存在をめぐって闇を垣間みせてくれた。光と闇がどうじにあるからこそ、かごめかごめは不思議な魅力でわたしたちを虜にしつづける。

めぐりめぐる悦び ―― それは光と闇を　勇気と希望をもって生きること

註

めぐり歌の輪舞

（1）柳田國男『柳田國男全集 第七巻』筑摩書房 一九九八年

（2）大田才次郎編『日本児童遊戯集』平凡社 一九六八年

（3）小高吉三郎『日本の遊戯』拓石堂出版 一九四三年

（4）桜井徳太郎『日本シャマニズムの研究 下』吉川弘文堂 一九八八年

（5）同書

（6）河合隼雄他『歌の力』（岩波書店 二〇〇二年）より抜粋。

（7）上笙一郎『日本のわらべ唄』三省堂 一九七二年。

（8）恍惚状態にある娘たちが尸童《よりまし》となって祖先の願いを聞くために行われていた踊り。

（9）香原志勢『手のうごきと脳のはたらき』築地書房 一九八〇年

仲間と手を携える

（1）エリクソン『幼児期と社会Ⅰ・Ⅱ』仁科弥生訳 みすず書房 一九七七年

（2）上田紀行『日本型システムの終焉』法藏館 一九九八年

（3）総人口に占める六十五歳以上の人口が七％を超えると「高齢化社会」、一四％を超えると「高齢社会」になる。日本は、「高齢化社会」から「高齢社会」に移行するのにわずか二十四年しかかからなかった。二〇〇〇年には、介護や支援の必要な高齢者が二八〇万人に達するといわれている。

（4）横田直美「こころとからだの漢方――ストレス社会を生きのびるために」第九回漢方薬公開講座、布亀株式会社主催、一九九九年六月十九日。

ひとりぼっちの鬼

（1）酒井欣『日本遊戯史』第一書房　一九八三年（初版は一九三三年　建設社）

（2）多田道太郎氏は『遊びと日本人』（筑摩書房　一九七四年）のなかで、同様の遊びが仏教と無縁の中南米や近東にもみられることから、仏教的起源に疑問を唱えている。

（3）村八分について、『大辞林』には「江戸時代以来、村落で行われた制裁の一。規約違反などにより村の秩序を乱した者やその家族に対して、村民全部が申し合わせて絶交するもの。俗に、葬式と火災の二つの場合を例外とするからという。」とある。村内の交際は、冠婚葬の三つをもっとも重要なものとし、そのほかに建築、旅行、出産、火事、疾病、水害、法要を加えて十とした。

（4）礫川全次・田村勇『いじめと民俗学』批評社　一九九四年

孤独を生きぬく

（1）村上春樹『ノルウェイの森』講談社　一九八七年

（2）落合良行『孤独な心』サイエンス社　一九九九年

（3）同書

（4）ファディマン編著『自己成長の基礎知識1』吉福伸逸監訳　春秋社

（5）その人が自分の価値体系のなかで認めようとせず、無意識領域に抑圧してきた心的内容。たとえば、意地悪さや破壊性などで、これらが他人に投影されたり、個人のコントロールを離れて集合的に動きだすときに差別や戦争などがおこると考えられる（河合隼雄『ユング心理学入門』培風館 一九六七年などを参照）。
（6）孤独の大切さについては、拙著『かくれんぼう』（人文書院 一九九三年）に詳しく述べている
（7）吉本隆明『良寛』春秋社 一九九二年
（8）ストー『孤独』森省二・吉野要監訳 創元社 一九九四年
（9）「千匹皮」は、『グリム童話集Ⅰ白雪姫』（植田敏郎訳 新潮文庫 一九六七年）をもとにした。
（10）マスロー『創造的人間』佐藤三郎・佐藤全弘訳 誠信書房 一九七二年
（11）木原武一『孤独の研究』ＰＨＰ研究所 一九九三年
（12）サートン『独り居の日記』武田尚子訳 みすず書房 一九九一年

暗闇にさす光

（1）酒井欣『日本遊戯史』第一書房 一九八三年
（2）柳田國男『子ども風土記』角川文庫 一九六〇年
（3）朝倉喬司『流行り唄の誕生』青弓社 一九八九年
（4）浅野健二『新講 わらべ唄風土記』柳原書店 一九八八年
（5）朝倉喬司 前掲書

不安の淵にたたずむ

（1）つげ義春『必殺するめ固め』晶文社 一九八一年
（2）ノイマンによれば、ウロボロスとは、始原あるいは原初を「宇宙論的・人類史的・系統発生的にシンボル化したもの」である（『意識起源史上』紀伊國屋書店 一九八五年）。河合隼雄『ユング心理学入門』（培風館 一九六七年）も参照。

（3）河合隼雄『ユング心理学入門』培風館 一九六七年
（4）元型の考え方については、安渓真一「元型の考え方」（『こころの科学』55 日本評論社）を参考にした。
（5）エステス『狼と駈ける女たち』原真佐子・植松みどり訳 新潮社
（6）渡辺俊夫『神経症の時代』TBSブリタニカ 一九九六年
（7）大原健士郎『あるがままに生きる』講談社 一九九四年
（8）キャンベル／モイヤーズ『神話の力』飛田茂雄訳 早川書房 一九九二年
（9）グリム童話については、『グリム童話集2』（金田鬼一訳 岩波文庫 一九七九年）をもとにした。

摩訶不思議の女神

（1）ケレーニイ『迷宮と神話』種村季弘・藤川芳朗訳 弘文堂 一九七七年
（2）吉田敦彦『日本人の女神信仰』青土社 一九九五年
（3）かごめかごめの鬼は、目隠しをしていても「後ろの正面」を当てることのできる不思議な力をもっている。
（4）吉田敦彦 前掲書および『縄文宗教の謎』大和書房 一九九三年
（5）考古学者の小野正文によって「分割塊製作法」と名付けられている（吉田敦彦 前掲書）。

非合理をうけいれる

（1）『クロワッサン』マガジンハウス 一九九九年五月二十五日号
（2）瓜生中・渋谷伸博『呪術・占いのすべて』日本文芸社 一九九七年
（3）平安時代の陰陽師で、日本を代表する呪術師。陰陽道家の土御門つちみかど家の祖。加茂忠行かものただゆき・保憲やすのり父子に師事して天文博士となる。式神しきがみを駆使することにすぐれていたといわれる（瓜生中・渋谷伸博 前掲書より）。

（4）七世紀に葛城山を中心に活躍した山岳宗教者で、修験道の開祖といわれる半伝説的人物。孔雀呪にすぐれていたといい、鬼神を駆使して薪水を運ばせていたと伝えられる（瓜生・渋谷 前掲書より）。
（5）知切光歳『鬼の研究』大陸書房 一九七八年
（6）五来重『踊り念仏』平凡社選書 一九八八年
（7）同書
（8）馬場あき子『鬼の研究』三一書房 一九七一年
（9）京都左京区貴船町にある神社。古来、祈雨・止雨の神を祀り、人びとに崇拝されてきたことから、呪術と結びついていった。
（10）インドの民間信仰から密教によってとりいれられた羅刹で、人の死を六ヵ月前に予知してその心臓を食うとされるところから、呪術の力が信仰されるようになった。日本では、稲荷神・飯綱権現と同一視されている。
（11）オフサイド・ブックス編集部『祭りの古代史を歩く』彩流社 一九九九年
（12）梅原猛『日本の原郷 熊野』新潮社 一九九〇年
（13）同書
（14）夢枕獏『陰陽師 喪神ノ巻』文藝春秋 一九九七年

揺れるマトリックス
（1）酒井欣『日本遊戯史』第一書房 一九八三年。
（2）カイヨワ『遊びと人間』多田道太郎・塚崎幹夫訳 講談社文庫 一九七三年
（3）チェンバレン『誕生を記憶する子どもたち』片山陽子訳 春秋社 一九九一年
（4）ピアス『マジカル・チャイルド育児法』吉福伸逸監訳 日本教文社 一九八四年
（5）ルボワイエ『暴力なき出産』中川吉晴訳 星雲社 一九九一年

(6) 同書
(7) ブラウン『エロスとタナトス』秋山さと子訳 竹内書店新社 一九七〇年
(8) 柳田國男『柳田國男全集 第三巻』筑摩書房 一九九七年
(9) 西村清和『遊びの現象学』勁草書房 一九八九年
(10) カイヨワ『遊びと人間』多田道太郎・塚崎幹夫訳 講談社文庫

身体をとりもどす
(1)『子どもの詩』川崎洋編 文藝春秋
(2) 米国「フィラデルフィア人間能力開発研究所」における脳に障害をもつ子どもの治療は、この考え方にもとづいた運動プログラムが実施されている(「進化の記憶が脳をつくる」NHK教育テレビ 一九九九年十一月十三日放映)。
(3) 中沢新一『リアルであること』幻冬社文庫 一九九七年
(4) 松井洋子『癒しのワークショップ』太郎次郎社 一九九〇年
(5) 同書
(6) 斎藤孝『子どもたちはなぜキレるのか』ちくま新書 一九九九年
(7) 同書

人のいたみと優しさ
(1) 中川香子『かくれんぼう』人文書院 一九九三年
(2) 朝倉喬司『流行り唄の誕生』青弓社 一九八九年

攻撃性を成熟させる

（1）時実利彦『人間であること』岩波新書　一九七〇年

（2）フロム『悪について』（鈴木重吉訳　紀伊國屋書店　一九六五年）において著者は、人間の破壊性として死を愛好するネクロフィリア・悪性のナルチシズム・近親相姦的固着の三つのオリエンテーションをあげ、これらが集合した場合には悪の真髄ともいうべき「衰退の症候群」を形成すると述べている。

（3）馬場謙一・福島章・小川捷之・山中康裕編『攻撃性の深層』有斐閣　一九八五年

（4）ストー『人間の攻撃心』高橋哲郎訳　晶文社　一九七三年

（5）ルカによる福音書　六－二九

（6）エステス『狼と駈ける女たち』原真佐子・植松みどり訳　一九九八年

（7）同書

（8）子どもの自我の成立については、岩田純一『〈わたし〉の世界の成り立ち』（金子書房　一九九八年）に詳しい。

聖なる時空への回帰

（1）ダッチャー『心身免疫セラピー』中神百合子訳　春秋社　一九九五年

（2）桜井徳太郎『桜井徳太郎民俗探訪３神々のフィールドワーク』法藏館　一九九三年

（3）小松和彦編『祭りとイベント』小学館　一九九七年

私とともに　人とともに

（1）ナンシー・ウッド『今日は死ぬのにもってこいの日』金関寿夫訳　めるくまーる　一九九五年

あとがき

ヒトの脳‐前頭葉の発達は人間を「ただ生きる」ことから「よりよく生きる」方向へと駆り立ててきた。同じことの繰り返しでは済ませたくないという欲求が、文明を進歩させたのである。そんな歴史の流れはいつからか、わたしたちに、いつもタフで絶好調な心身を求めるようになった。体力、気力、能力がみなぎっていること――それこそが人としての「よい姿」であるかのように。

けれども一生を常時そんなふうに生きられる人間はめったにいない（ごく稀にいるが）。風邪をひくこともあれば、歯が痛むこともある。そして幾度かは、絶望にうちひしがれるようなことも起こる。それは人生の暗闇の部分だ。しかし闇は悪ではない。わたしたちは自分に都合のいいものを善、都合のわるいものを悪としてしまうが、それは、人間の自然なありようを人工的に分断し、生の全体性から疎外することにほかならない。

時は五月——大学の研究室から見える木立はいま新緑の盛り。これらの樹々もついこの間までは、すっかり葉を落とし、冬枯れのさみしい風情だった。だがその様子を見て、可哀想だとか悪いことだとかいう者はいない。なぜなら「それが自然」と心得るから。

自分以外のことにはそんな生命観も得心いくのに、こと我が身となると、そう簡単にはいかない。自然な存在のしかたから遠ざかってしまう。それが人間の厄介なところだ。

この本は、人生うまくいかないときに、ふと、かごめかごめに惹かれてポツリポツリと書きはじめたのがきっかけだった。もっと気力・体力・能力が充実しているときに、よいものを著したいと思いつつも、不調が続くなか、細々と糸をつないだ。しかしいまでは「うまくいかないときにしか見えない人生の風景もあるかもしれない」という心地になっている。そのときにしか感じられないこと、そのときにしか言葉にできないこともあるかもしれない。だからこそ人生だろう。

小さな遊びに織り込められた、人間のこころの光と闇。その発見は、自分の内部の影を見つめる機会にもなった。影の部分は人さまざまだろう。いずれにせよ、それを否定したりせずに「まるごとの私」として受け容れ、養い、育てること。それぞれのやりかたで、自分をあきらめないで生きること。あるいは、徹底的にあきらめて生きること。それが、自分の内外の闇を味わいながら生きる、大人の生きかたかもしれない。

この本が生まれるまでにいろいろなことがあったのを懐かしく思い出す。

新曜社での出版が決まってからは、編集者の津田敏之さんにお世話になった。前著と同じく、津田さんと本づくりをごいっしょしたこの数年間、ときに独りで、ときに二人で、内容を考えなおしたり、構成を整えたり、文章を推敲したりしてきた。そうするうちに、はじめはどこかぎくしゃくしていた原稿が、自分のからだに添うようになってきた感じがする。一冊の本を最初から最後まで愛しんで育てられる津田さんのおかげだろう。こころからお礼を申し上げる。

二〇〇三年　初夏

中川香子

著者紹介

中川香子　（なかがわ・きょうこ）

1977年、聖和大学大学院修士課程修了（幼児教育学専攻）。聖和大学附属幼稚園教諭、同学助手・助教授、米国ジョージア大学附属トーランス創造性研究所客員研究員などを経て、現在、聖和大学短期大学部教授。著書に『かくれんぼう』（人文書院、1993年）ほか。

古くから伝わる伝承遊びについて、ずっと関心を抱いてきました。伝承遊びは、たいへん豊かなメッセージをもっていて、なかでも子どもたちには素敵な宝物を与えてくれます。――また最近は、子どもの「悪」や「攻撃性」あるいは倫理といったことについてささやかな研究を続けています。

新曜社　もう一人では生きていかない
個と共生のこころ／かごめかごめ

初版第１刷発行　2003年６月30日

著　者　中川香子

発行者　堀　江　洪

発行所　株式会社　新　曜　社
〒101-0051　東京都千代田区神田神保町２-10
電話(03)3264-4973(代)・FAX(03)3239-2958
http://www.shin-yo-sha.co.jp/

印　刷　亜細亜印刷株式会社
製　本　イマヰ製本

ISBN 4-7885-0864-8　C1011